Kim kocht

Ein A la Carte-Kochbuch im D+R Verlag

Copyright © 2004 by D+R Verlagsgesellschaft m.b.H.
Alle Rechte, auch die des auszugsweisen Abdrucks oder
der Reproduktion einer Abbildung, sind vorbehalten.
Das Werk einschließlich aller seiner Teile ist urheberrechtlich
geschützt. Jede Verwertung ist ohne Zustimmung des Verlages
unzulässig. Dies gilt insbesondere für Vervielfältigungen,
Übersetzungen, Mikroverfilmung und die Einspeicherung
und Verarbeitung in elektronischen Systemen.

Konzept und Redaktion: Uschi Korda
Fotos: Thomas Apolt
Art Direction: Uschka Jeschko
Graphik: Günther Schöffmann
Redaktionelle Mitarbeit: Alice Fernau
Fünf-Elemente-Beratung: Dr. Evemarie Wolkenstein
Weintipps: Willi Balanjuk

Reproduktion: Repromedia, 1110 Wien
Druck: Ueberreuter Print und Digimedia, 2100 Korneuburg
Printed in Austria
1. Auflage 2004

Hersteller: D+R Verlag, A-1110 Wien, Leberstraße 122,
Telefon: +43/1/740 77-0
www.alacarte.at; www.dundr.at

ISBN 3-9500856-9-6

INHALT

Über Sohyi Kim 4
Die Fünf Elemente 8
Kalte Gerichte 10
Warme Gerichte 48
Warenkunde 134
Register 142

Kim kocht bei allen Rezepten für 4 Personen.

> *„Wir kommunizieren über das Essen, was wir gerne haben, wie wir es gerne haben."*

SOHYI KIM

„Irgendwann habe ich plötzlich die Liebe zum Kochen wieder gefunden."
Eine Liebe, die Sohyi Kim schon in ganz, ganz jungen Jahren kennen lernte, mit der sie praktisch aufwuchs. Nach dem frühen Tod des japanischen Vaters standen die kleine Sohyi und ihre südkoreanische Mutter mehr oder weniger vor dem Nichts. Doch Sohyis Mutter war eine weise Frau. „Wenn du ein Restaurant aufmachst", sagte sie, „kannst du nicht verhungern, denn irgendetwas zu essen ist immer da."
Sie eröffnete mit großem Erfolg ein Restaurant in Pusan (Südkorea), dessen Küche zum Lebenszentrum in Sohyis Kindheit wurde. Zwischen Töpfen, Pfannen und Schneidbrettern beobachtete sie, wie Köstlichkeiten entstehen, bekommt das Koch-Handwerk quasi im Vorbeigehen mit.
Doch im Teenageralter kommt es zum Break. Küche, Restaurant, ja selbst Asien wird ihr zu eng und sie landet an der Wiener Modeschule Hetzendorf. „Es machte Spaß, es war schön, aber es war nicht meine Welt. Die Menschen waren zu schön, die Sachen, die ich designt habe, waren zu schön. Alles war zu glatt, man war nur von der Oberfläche geblendet."
Obwohl die ersten zaghaften Mode-Erfolge lockten, zog Sohyi einen Schlussstrich. „Ich wusste nur eines: Ich wollte nicht zurück nach Südkorea. Aber was sollte ich jetzt machen, hier alleine in Wien? Es musste etwas Festes, Bodenständiges sein, da fielen mir die Worte meiner Mutter wieder ein."

„Kochen und Essen ist Kommunikation von etwas Intimen, Inneren. Was und wie man isst, charakterisiert einen Menschen."
1995 eröffnet Sohyi Kim ihr erstes Restaurant in Wien, serviert dort selbst und engagiert einen japanischen Koch. Ein Flop der mittleren Kategorie aus zwei Gründen: „Zum einen dachte der Koch, dass ich eh nicht kochen kann und machte, was er wollte. Die Gerichte kamen grundsätzlich lauwarm aus der Küche, was die Gäste nicht goutierten. Zum anderen habe ich mich damals mit dem österreichischen Genussverständnis sehr schwer getan. Als Vorspeise servierte ich zum Beispiel frisches geschnittenes Gemüse mit einer Sauce, was ein Gast mit ‚Bin ich ein Hase, oder was?' kommentierte. Heute sind die Österreicher viel offener und haben mehr Mut, auch Unbekanntes zu probieren." Aber auch Sohyi Kim lernt dazu. Nach langem Zögern trennt sie sich von ihrem Koch und stellt sich selbst in die Küche. „Das war ein großer innerer Kampf für mich. Ich hatte starke Zweifel, ob jemand kommen würde,

„Wenn ich essen gehe, ka

wenn ich selbst koche. Gewonnen habe ich ihn, indem ich auf mich gehört und meine Erfahrungen aus dem Service umgesetzt habe. Also: Gib den Menschen in Form von Essen, was sie gerne haben. Deswegen kommen sie zu dir, sonst könnten sie ja auch zu Hause essen."

„Meine Mutter hat zu mir gesagt: Du musst deine Neugier zügeln, sonst wird es dir ganz, ganz schlecht gehen. Ich habe meine Neugier Richtung Essen gelenkt. Gott sei Dank, es hätte ja auch eine Spielerin aus mir werden können."

Sohyi Kim beginnt zu experimentieren, sich mit der österreichischen Küche auseinander zu setzen. Aber bevor sie ans Werk geht, muss sie es verstehen. Sie isst solange Linsen mit Knödel, bis sie für sich erkennt, warum sie so schmecken und überlegt dann, wie man dieses Gericht asiatisch trimmen kann, sodass es auch nach ihr schmeckt. „Ich kannte ja von zu Hause nur die traditionelle japanische Küche mit der Schärfe Koreas. Japaner und Koreaner sind Puristen und arbeiten überhaupt nicht mit Kräutern. Alles, was riecht, schmeckt uns nicht. Daher entwickelte ich das Prinzip: einfach essen, essen, essen – bis ich eine Idee dazu habe.

Und zwar alles nur pur, ohne etwas dazu zu kombinieren." Ganze fünf Jahre brauchte sie nach dieser Methode, um zum Beispiel Koriander und Zitronengras – „Phhh! Das roch für mich wie Badeseife!" – zu akzeptieren. Auch ihre Annäherung an Käse war von gewissem Fatalismus geprägt. Sie bestellte einfach von ein paar Sorten eine größere Menge und aß von jedem Käse solange, bis sie ihn verstand. „Ich mag Käse, aber nicht so, dass ich ihn dermaßen liebe. Dann habe ich nachgedacht, wie ich ihn servieren könnte. Einfach so, statt einer Nachspeise anbieten, bringt es nicht. Also begann ich, ihn mit Fisch zu kombinieren. Kalt oder warm, mit asiatischen Saucen und die Gäste haben das angenommen."

„Wenn das Kochen standardisiert wird, tue ich mir schwer. Ich brauche das Individuelle."

Als Sohyi Kim 2001 ihr winziges Lokal „Kim kocht" im 9. Bezirk eröffnet, hat sie ihren Weg gefunden. Mit Kreativität und Phantasie kombiniert sie Saucen, Gewürze und Kräuter mit Produkten, die auf den ersten Blick nicht zusammenpassen. Doch ihr Mut wird belohnt, denn was immer sie serviert, es schmeckt.

nicht still sitzen. Ich gehe in die Küche und schaue zu. Das ist für mich das Leben!"

Meistens. „Es kommt schon vor, dass ein Gast etwas überhaupt nicht mag. Dann überlege ich, passt die Würze nicht? Oder passt die Person nicht. Denn es kann ja auch passieren, dass jemand etwas bestellt, das überhaupt nicht zu ihm passt." Ein mittlerweile zum Klassiker gewordenes Gericht – Thunfisch mit Grammeln – entstand ebenfalls aus einer recht persönlichen Kommunikation zwischen Sohyi Kim und einem Gast. „Eines Tages kam ein Arzt zum Essen, der einen schweren Tag hinter sich hatte, der einen Kick brauchte. Da habe ich überlegt, welche Zutaten habe ich vorrätig, was könnte ihm gut tun? Ich hatte Grammeln im Kühlschrank, weil ich nach der Sperrstunde für meinen Kellner Roland Grammelknödel machen wollte. Also habe ich die Grammeln genommen und in den Thunfisch gefüllt. Der Gast war begeistert." Erkannt hat die quirlige Asiatin auch, dass ihre Zukunft nicht in großen Küchen liegen kann. Für sie muss der Rahmen überschaubar, der direkte Kontakt zu den Gästen gegeben sein. Da aber auch Stagnation keine Kategorie in ihrem Leben ist, hat sie im Jänner 2004 eine Haustüre weiter von ihrem Restaurant einen Kim kocht Shop mit Schauküche eröffnet. Dort kann man sich jetzt untertags mit Take-Aways versorgen oder auf einen schnellen Imbiss zwischendurch vorbeischauen. Oder Sohyi Kim bei einem Kochkurs über die Schulter schauen. „Ich möchte mein Handwerk zeigen und den Menschen nach Hause mitgeben, dass man auch anders kochen kann."

„Für dieses Buch muss man nur gerne kochen."
„Dieses Kochbuch ist wie meine Speisekarte, es zeigt eine Richtung. Das Allerwichtigste beim Nachkochen ist, dass man Spaß daran hat, sich mit Produkten auseinander zu setzen und etwas auszuprobieren. Es ist egal, ob man jetzt genauso schneidet, wie ich es vorgebe, oder dass man gekonnt etwas in der Pfanne schupfen kann. Die Hauptsache ist, dass es schmeckt und dass man sich vorstellen kann, seinen Freunden oder Gästen damit eine Freude zu machen. Man muss sich auch nicht streng nach den Vorgaben richten. Wer also zum Beispiel gerade keinen Balsamico zu Hause hat, kann ja auch normalen Essig mit etwas Zucker verrühren. Oder wenn die Fischbouillon ausgegangen ist, tut es eine Rindsuppe genauso. Mein Kochbuch soll Anstoß für Kreativität und Experimentierfreudigkeit sein, es soll Freude und Harmonie machen und keinen Zwang erzeugen."

"Ernährungsbewusst

HOLZ

JAHRESZEIT Frühling
KLIMA Wind **ORGANE** Leber und Gallenblase **GESCHMACK** sauer; bewahrt die Säfte und zieht zusammen
ZUBEREITUNGSART dämpfen
LEBENSMITTEL *warm*: Essig, Petersilie, Huhn, Grünkern, Granatapfel;
neutral: Couscous, Dinkel, Brombeeren, Himbeeren;
erfrischend: Ente, Weizen, Sauerkraut, Sprossen, saurer Apfel, Erdbeere, Heidelbeere, Ribisel, Mandarine, Orange, Preiselbeere, Weichsel, Frischkäse, Topfen, Buttermilch, saure Milch;
kalt: Sojasprossen, Sauerampfer, Tomaten, gekeimter Weizen, Weizenkleie, Ananas, Zitrone, Rhabarber, Kiwi, Joghurt

DIE FÜNF ELEMENTE

KLEINER EXKURS

In der chinesischen Heilkunde hat die Energie der Nahrungsmittel eine große Bedeutung. Sie wirkt auf das energetische Gleichgewicht und bestimmt damit auch das seelische Wohlbefinden. Deshalb werden Lebensmittel nach ihrem Geschmack und ihrer Wirkung auf die Organe den Fünf Elementen Holz, Feuer, Erde, Metall und Wasser zugeordnet. Ein wichtiges Kriterium beim Kochen ist dazu noch die thermische Wirkung. Damit kann man mit Gerichten einen kühlenden oder wärmenden Effekt erzielen und ein energetisches Ungleichgewicht harmonisieren. Nach der Yin-Yang-Lehre unterscheidet man: heiß (viel Yang), warm (Yang), neutral, erfrischend (Yin) und kalt (viel Yin). Asiaten kochen von Natur aus, ohne viel darüber nachdenken zu müssen, nach den Fünf Elementen. Alle anderen, die sich dafür interessieren, müssen sich dieses komplexe Wissen erst theoretisch aneignen. In diesem Buch wurden die Gerichte den Fünf Elementen zugeordnet, wobei immer nur das Hauptelement, also das wichtigste, angegeben ist. Die entsprechenden Notizen dazu wurden von der Wiener Ärztin Dr. Evemarie Wolkenstein verfasst, die seit Jahren auch nach der traditionellen chinesischen Medizin praktiziert. Zum Einstieg, bevor es ans Kochen geht, das Wichtigste über die Fünf Elemente und ihre Lebensmittel.

...ochen ist die Basis der Fünf Elemente. Ich zeige einen Weg dorthin."

FEUER

JAHRESZEIT Sommer
KLIMA Hitze ORGANE Herz und Dünndarm GESCHMACK bitter; trocknet aus und leitet nach unten
ZUBEREITUNGSART roh essen
LEBENSMITTEL *heiß:* Lamm, Schaf, Ziege, gegrillte Fleischsorten;
warm: Kurkuma, Oregano, Rosenpaprika, Rosmarin, Wacholder, Basilikum, Thymian, Mohn, Kakao, Kohlsprossen, Schafkäse, Ziegenkäse;
neutral: Salbei, grüner Salat, Endiviensalat, Eisbergsalat, Vogerlsalat, Rote Rüben, Oliven, Roggen;
erfrischend: Artischocke, Chicorée, Kopfsalat, Löwenzahn, Radicchio, Rucola, Pastinake, Buchweizen, Holunderbeere, Grapefruit, Quitte, Zitronenschale

ERDE

JAHRESZEIT Spätsommer
KLIMA Feuchtigkeit
ORGANE Magen und Milz
GESCHMACK süß; befeuchtet, entspannt und baut Qi auf
ZUBEREITUNGSART dünsten und schmoren LEBENSMITTEL
heiß: Anis, Fenchel, Zimtrinde;
warm: Süßkartoffel, Kastanie, Hokkaidokürbis, Kokosmilch, Kokosflocken, Walnuss, Erdnuss, Pinienkerne, Marille, Pfirsich, Rosinen, Kirschen, Kürbiskernöl, Sojaöl, Rapsöl, Marzipan; *neutral:* Safran, Vanille, Kalb, Rind, Butter, Käse, Eier, Polenta, Hirse, Kartoffeln, Spargel, Kraut, Austernpilze, Shiitakepilze, Fisolen, Erbse, Karotte, Kohlrabi, Kürbis, Rüben, Haselnuss, Pistazien, Mandel, Kürbiskerne, Sesam, Malz, Sonnenblumenkerne, brauner Zucker, Honig; *erfrischend:* Aubergine, Karfiol, Brokkoli, Champignons, Chinakohl, Mangold, Spinat, Paprika, Sellerie, Zucchini, süßer Apfel, Banane, Birne, Weintrauben, Cashewnuss, Gerste, Tofu, Sojamilch, Estragon, Ahornsirup, Olivenöl, Sonnenblumenöl, Weizenkeimöl, Schlagobers;
kalt: Salatgurke, Avocado, Honigmelone, Wassermelone, Mango, Papaya, weißer Zucker

METALL

JAHRESZEIT Herbst
KLIMA Trockenheit
ORGANE Lunge und Dickdarm
GESCHMACK scharf; löst Stagnation und leitet nach oben ZUBEREITUNGSART backen LEBENSMITTEL
heiß: Chili, Curry, Cayenne, getrockneter Ingwer, Pfeffer, Piment, Knoblauch, Schimmelkäse;
warm: Koriander, frischer Ingwer, Muskat, Kümmel, Liebstöckel, Lorbeer, Majoran, getrocknete Kräuter (Estragon, Oregano, Rosmarin, Thymian), Gewürznelken, Dille, Schnittlauch, Sternanis, Senfkörner, Hafer, Wild, Quargel, Münsterkäse, Porree, Zwiebeln, Kren;
neutral: Gans, Pute, Wachtel, Reis, schwarzer Rettich;
erfrischend: Kresse, Radieschen, weißer Rettich, Kaninchen

WASSER

JAHRESZEIT Winter
KLIMA Kälte ORGANE Niere und Blase GESCHMACK salzig; weicht auf und leitet nach unten ZUBEREITUNGSART braten LEBENSMITTEL
warm: geräuchertes, gepökeltes, luftgetrocknetes Fleisch, Thunfisch, Scholle, Sardelle, Garnele, Hummer, Languste, Shrimps, Aal, geräucherter Fisch;
neutral: Lachs, Tintenfisch, Barsch, Forelle, Karpfen, Schweinefleisch, Miso, gelbe Sojabohne, schwarze Sojabohne, Linsen, Saubohne;
erfrischend: Austern, Calamare, Kichererbsen, Mungobohne;
kalt: Algen (Kombu, Nori, Wakame), Agar Agar, Sojasauce, Salz, Krabben, Kaviar, Krebs, Miesmuscheln

Kalte Gerichte

Maki mit Mozzarella gefüllt und Tomatenchutney

ZUTATEN

TOMATENCHUTNEY
10 mittelgroße Tomaten
1 Prise Salz
1 TL Zucker
1 EL Tomatenessig
1 EL Zitronensaft
1 Knoblauchzehe
1 EL gehackte Zwiebeln

280 g roher schwarzer Sushi-Reis (siehe S. 137)
0,4 l Sushi-Essig
1 Packung Mozzarella
4 Blätter Nori
24 Blätter Basilikum

ZUBEREITUNG

▸ Tomatenschale kreuzweise einschneiden. Tomaten kurz in heißes Wasser tauchen, kalt abschrecken und die Haut abziehen. Tomaten halbieren und entkernen. Im Backrohr bei 80 °C ca. 5 Stunden lang trocknen lassen.
▸ 5 Tomaten in Würfel schneiden. Die anderen 5 Tomaten pürieren.
▸ Tomatenwürfel und Tomatenpüree in einem Topf miteinander vermischen. Mit Salz, Zucker, Tomatenessig und Zitronensaft würzen und einmal aufkochen.
▸ Knoblauch schälen und fein schneiden. Gemeinsam mit der fein geschnittenen Zwiebel in das Chutney mischen und kalt stellen.

▸ Schwarzen Sushi-Reis kochen.
▸ Den warmen Reis mit Sushi-Essig vermischen und rasch abkühlen. Am besten geht das mit einem Ventilator.
▸ Mozzarella in 12 Streifen schneiden.
▸ Auf einer Makimatte ein Noriblatt vorbereiten. Marinierten Reis darauf verteilen. Mit einer Klarsichtfolie bedecken und umdrehen, sodass der Reis unten und das Noriblatt oben liegt.
▸ Nori mit Basilikumblättern und je 3 Streifen Mozzarella belegen. Mit etwas Druck einrollen, in Scheiben schneiden und mit Tomatenchutney garnieren.

WEINTIPP GEHALTVOLLER ZIERFANDLER ODER TRAMINER

Noriblätter

ERDE

Sake Shirashi mit Kapernbeeren und Limettenvinaigrette

ZUTATEN

KORIANDERPESTO
10 Bund Koriander
4 Knoblauchzehen
150 g Gomasio (gerösteter Sesam)
1/4 l Olivenöl
3 EL geröstetes Sesamöl
4 EL geriebener Parmesan

LIMETTENVINAIGRETTE
Saft von 2 Limetten
1 TL Limonenöl
1 EL Kapernbeerenöl
1 Prise Salz
2 EL Sushi-Essig
2 TL Korianderpesto

160 g weißer Sushi-Reis
8 EL Sushi-Essig
250 g Lachsfilet
2 TL Korianderpesto
4 TL Kapernbeeren in Öl
Rucola zum Garnieren

ZUBEREITUNG

- Für das Pesto Koriander waschen, zupfen und klein schneiden. Knoblauch schälen und klein hacken.
- Koriander in ein höheres Gefäß geben. Knoblauch und Gomasio einmischen. Olivenöl und Sesamöl zugießen. Zum Schluss Parmesan zugeben und nochmals durchmischen. 2 TL Korianderpesto zurückbehalten.
- Für die Limettenvinaigrette alle Zutaten mit dem Korianderpesto gut vermischen und in einem Glas beiseite stellen.

- Sushi-Reis mit Wasser (Verhältnis 1:1,2) kochen. Noch warm mit Sushi-Essig marinieren und schnell abkühlen.
- Lachs wie für Sashimi in dünne Scheiben schneiden.
- Kleine Schüsseln halbvoll mit Reis befüllen. Lachsscheiben zu Stanitzeln formen und rund um den Schüsselrand auf den Reis setzen.
- In die Mitte mit einem Löffel Korianderpesto auf den Reis platzieren.
- Lachsstanitzeln mit Kapernbeeren füllen und mit Vinaigrette beträufeln. Mit Rucola garnieren.

WEINTIPP OPULENTER GRÜNER VELTLINER
Z. B. KÄFERBERG/BRÜNDLMAYER ODER GV RESERVE/MARKOWITSCH

WASSER

Korianderpesto

Lungenbratenmaki
mit marinierten Lotoswurzeln

ZUTATEN

MARINIERTE LOTOSWURZELN

4 Scheiben Lotoswurzeln (frisch oder gefroren)
1 TL Wacholderbeeren
4 EL Sojasauce
1 EL Zucker
2 Scheiben Ingwer
8 Chilischoten

50 g roher weißer Sushi-Reis (siehe S. 137)
4 TL Sushi-Essig
1 Blatt Nori
4 Scheiben Rindslungenbraten
1 EL Erdnussöl
4 Shisoblätter (oder Sesamblätter)
3 EL Papaya-Chilisauce
2 EL Kapernbeeren in Öl
2 EL Sojasauce
1 TL Ahornsirup
1 Spritzer Zitronensaft

ZUBEREITUNG

▸ Für die marinierten Lotoswurzeln alle Zutaten in einen Topf geben und aufkochen.
▸ Ca. 5 Minuten ziehen lassen. Vom Herd nehmen und abkühlen lassen.

▸ Sushi-Reis kochen. Noch warm mit Sushi-Essig marinieren und schnell abkühlen. Sushi-Reis mit den Händen zu vier kleinen Bällchen formen.
▸ Nori in vier Streifen schneiden.
▸ Lungenbraten wie Schnitzel in der Mitte einschneiden und aufklappen.
▸ Reisbällchen einfüllen, wieder zusammmenklappen und mit einem Streifen Nori zubinden.
▸ Erdnussöl in Pfanne erhitzen und marinierte Lotoswurzeln kurz anbraten.
▸ Lungenbratenmaki zugeben und kurz mitbraten.
▸ Auf einem Teller je ein Shisoblatt mit angebratenen Lotoswurzeln und Lungenbratenmaki belegen.
▸ In die Pfanne mit dem Bratensaft Papaya-Chilisauce, Kapernbeeren, Sojasauce, Ahornsirup und Zitronensaft mischen. Einmal aufkochen und über die Lungenbratenmaki gießen.

WEINTIPP SAFTIGE ROTWEINCUVÉE 2000 AUF ZWEIGELT-BASIS
Z. B. PANNOBILE/HEINRICH, ROSENBERG/MARKOWITSCH

METALL

Sushi-Reis

Tuna Sashimi im Pfeffermantel auf Blattsalat mit Korianderdressing

ZUTATEN
4 EL Pfeffermischung
4 Thunfischfilets à 100 g
Erdnussöl zum Braten
200 g gemischte Saisonsalate
4 TL Korianderpesto (siehe S. 14)
4 EL Kernöl
4 EL Balsamico
1 Prise Salz

ZUBEREITUNG
- Pfeffermischung grob im Mörser zerstampfen und fest auf beiden Seiten der Thunfischfilets andrücken.
- In einer Pfanne Erdnussöl erhitzen, Thunfisch darin kurz scharf anbraten.
- Thunfisch in Scheiben schneiden.
- Salat waschen und auf Tellern verteilen. Tuna Sashimi darauf legen.
- Korianderpesto mit Kernöl, Balsamico und Salz zu einem Dressing vermischen, Salat und Tuna Sashimi damit beträufeln.

WEINTIPP KRÄFTIGER GRÜNER VELTLINER ODER ROTGIPFLER 2000/SCHELLMANN

WASSER

Balsamico

Dieses Rezept stärkt vorwiegend das Wasser-Element, harmonisiert aber auch das Holz-Element. Gut bei „Kreuzschwäche", Reizblase oder anderen Problemen des Urogenital-Bereichs.

Geräucherter Tuna
mit Ingwer-Sauerkraut à la Steininger

ZUTATEN

INGWER-SAUERKRAUT 100 g mildes Sauerkraut
2 Schalotten, 15 g Butter, 6 EL Apfelsaft
20 g Ingwer, 1 säuerlicher Apfel
1 Chilischote, 2 EL Sojasauce
1 TL Sesamöl

4 Thunfischfilets à 50 g
1 Knoblauchzehe, 20 g Ingwer
100 ml Sojasauce, 100 ml Erdnussöl
10 ml Sesamöl, 100 g Räuchermehl

ZUBEREITUNG

▸ Für das Ingwer-Sauerkraut Sauerkraut
  gut ausdrücken und Saft aufheben.
  Eventuell mit Wasser auswaschen und
  nochmals ausdrücken. Mit einem
  Messer klein schneiden.

▸ Schalotten schälen und kleinwürfelig
  schneiden. In einem Topf Butter erhitzen,
  Schalotten darin weich dünsten. Sauerkraut und
  Apfelsaft zugeben und ca. 30 Minuten bei kleiner
  Flamme und offenem Deckel bissfest dünsten
  lassen. Bei Bedarf Apfelsaft nachgießen.

▸ Ingwer und Apfel schälen. Ingwer und $1/2$ Apfel
  fein reiben, die andere Apfelhälfte in kleine
  Würfel schneiden und beiseite stellen.
  Chilischote in Scheiben schneiden.

▸ Geriebenen Apfel, Ingwer und Chili unter das
  Sauerkraut mischen und nochmals 10 Minuten
  dünsten lassen. Mit Sojasauce und Sesamöl
  würzen. Bei Bedarf etwas Sauerkrautsaft
  zugießen. Am Ende der Garzeit sollte das
  Kraut ziemlich trocken sein. Ist es zu flüssig,
  Sauerkraut abseihen und die Flüssigkeit
  getrennt einkochen. Danach wieder mit dem
  Kraut vermischen.

▸ Für den Thunfisch Knoblauchzehe und Ingwer in feine Scheiben schneiden. Mit Sojasauce, Erdnuss- und Sesamöl zu einer Marinade verrühren. Thunfischfilets einlegen, 20 Minuten lang marinieren lassen und dabei öfters wenden.

▸ Thunfischfilets aus der Marinade nehmen und abstreifen, damit keine Knoblauch- und Ingwerstücke darauf haften bleiben. Flüssigkeit abtropfen lassen.

▸ Räuchermehl in einer flachen Form zum Glosen bringen. Thunfisch auf einen Rost legen, glosendes Mehl darunter stellen. Im vorgeheizten Backrohr oder Räucherofen bei 100 °C ca. 10 Minuten lang räuchern, bis der Fisch durchgewärmt ist.

▸ In der Zwischenzeit Apfelwürfel unter das Sauerkraut mischen. 5 Minuten lang ziehen lassen.

▸ Einen kleinen Schöpfer Sauerkraut in der Mitte der Teller platzieren. Geräucherten Thunfisch in flache Scheiben schneiden und rund um das Kraut stellen.

ACHTUNG: Bitte beachten Sie bei diesem Rezept, dass sich der Räuchergeruch hartnäckig in den vier Wänden halten kann.

WEINTIPP KRÄFTIGER CHARDONNAY ODER WEISSE BURGUNDERCUVÉE

木
HOLZ

Tuna Maki mit Rosmarinpesto à la Wolfsberger

ZUTATEN

ROSMARINPESTO
1 Bund Rosmarin
Olivenöl zum Frittieren
1 Knoblauchzehe
100 g geröstete Pinienkerne
2 EL Parmesan

280 g roher weißer Sushi-Reis (siehe S. 137)
0,3 l Sushi-Essig
100 g Thunfischfilet
4 Blatt Nori

ZUBEREITUNG

- Für das Rosmarinpesto Rosmarin zupfen. In einer Pfanne Olivenöl erhitzen, Rosmarin darin knusprig frittieren (Achtung: Geht sehr schnell!). In ein Sieb leeren und abtropfen lassen. Öl zum Erkalten zur Seite stellen.
- Knoblauch schälen und fein hacken. Mit frittiertem Rosmarin, Pinienkernen und 1 EL erkaltetem Oliven-Rosmarinöl vermischen. Zum Schluss Parmesan vorsichtig einrühren.

- Sushi-Reis kochen. Den warmen Reis mit Sushi-Essig vermischen und rasch abkühlen. Am besten geht das mit einem Ventilator.
- Thunfischfilet in 1 cm dicke und 20 cm lange Streifen schneiden.
- Auf einer Makimatte ein Noriblatt vorbereiten. Marinierten Reis darauf auf $2/3$ verteilen, $1/3$ oben frei lassen. Mit einem Thunfischstreifen belegen. Mit etwas Druck einrollen und mit den restlichen Noriblättern wiederholen.
- Fertige Maki in Scheiben schneiden und mit Rosmarinpesto à la Wolfsberger garnieren.

WEINTIPP GEHALTVOLLER SAUVIGNON BLANC

WASSER

„Danke Rainer! Rainer Wolfsberger ist Stammgast in meinem Restaurant. Sein Lieblingspesto ist Rosmarinpesto, für das er auch mich begeistern konnte!"

Gefüllter Tuna mit Ziegenkäse und Preiselbeer-Koriandersauce

ZUTATEN

4 Thunfischsteaks à 100 g
100 g gereifter Ziegenkäse
1 TL Bonitoflocken
1 Bund gehackter Koriander
100 g frische Preiselbeeren (oder Preiselbeermarmelade)
2 EL Süßwein
1 Schuss Balsamico
Salz

ZUBEREITUNG

- Thunfischfilets fächerförmig aufschneiden (ähnlich wie Schnitzelfleisch). Thunfischfilets rechteckig auflegen.
- Ziegenkäse in Teile schneiden. Jeweils ein Viertel des Thunfischfilets mit Ziegenkäse belegen, mit Bonitoflocken und 1 EL Koriander bestreuen. Zusammenrollen, an den Enden festdrücken und in mundgerechte Stücke schneiden.
- Preiselbeeren (oder Preiselbeermarmelade) mit Süßwein, Balsamico, restlichem Koriander und etwas Salz vermischen. Einmal aufkochen und zum Abkühlen zur Seite stellen.
- Gefüllten Tuna auf Tellern anrichten und mit Preiselbeer-Koriandersauce beträufeln.

WEINTIPP ELEGANTE ROTWEINCUVÉE 2000 ODER PINOT NOIR/PREISINGER

FEUER

Bonitoflocken

Preiselbeeren und Koriander stärken das Herz, Thunfisch stärkt das Yang, Süßwein harmonisiert. Dadurch können Menschen mit niedrigem Blutdruck, Durchblutungsstörungen, Müdigkeit und Leistungsabfall wieder zu Kräften kommen.

Französischer Ziegenkäse mit Limonencreme mit Tuna Tataki und Rosmarin-Chili-Vinaigrette

ZUTATEN
4 Zweige Rosmarin, Öl zum Frittieren, 250 g Thunfischfilet, 1 Zitrone (unbehandelt), 1 Chilischote, 4 Stück Ziegenkäse mit Limonencreme, Salz, Pfeffer

ZUBEREITUNG
- Rosmarin von den Stängeln abzupfen. In einer Pfanne Öl stark erhitzen. Rosmarin darin frittieren (Achtung: Das geht sehr schnell). In ein Sieb leeren und abtropfen lassen. Öl in einem Gefäß auffangen und zum Abkühlen zur Seite stellen.
- Thunfisch in ganz kleine Stücke schneiden.
- Zitrone schälen, Schale in Julienne schneiden. Zitronensaft auspressen und für die Vinaigrette beiseite stellen. Chilischote entkernen und ganz klein schneiden.
- Ziegenkäse mit Limonencreme auf einen Teller in die Mitte setzen. Thunfisch rundherum streuen. Mit Zitronenschalen und frittiertem Rosmarin garnieren.
- Für die Vinaigrette abgekühltes Rosmarinöl, Chilischote, Zitronensaft, Salz und Pfeffer vermischen. Tuna Tataki mit Rosmarin-Chili-Vinaigrette beträufeln.

WEINTIPP FRISCHER RIESLING MIT FRUCHT UND ZARTER RESTSÜSSE

金
METALL

Avocado-Kokosmousse auf Lachstatar

ZUTATEN

AVOCADO-KOKOSMOUSSE

2 Avocados
150 ml Kokosmilch
Salz, Pfeffer
Muskatnuss
1/2 TL Zucker
1 Spritzer Zitronensaft
3 Gelatineblätter

200 g Lachsfilet
1 TL Sesamöl
1 EL gehackte Jungzwiebeln
1 Prise Zucker
1 TL Sake
Rucola zum Garnieren
eventuell 300 g Lachsfilet für Garniturrosen

ZUBEREITUNG

- Avocados schälen, entkernen und in kleine Stücke schneiden. In eine Schüssel geben und Kokosmilch zugießen. Mit einem Stabmixer pürieren, mit Salz, Pfeffer, Muskatnuss, Zucker und Zitronensaft würzen.
- Gelatineblätter in kaltem Wasser einweichen. Ausdrücken und mit der Avocado-Kokoscreme vermischen. Kleine Metallformen mit dieser Masse zur Hälfte befüllen.
4 bis 6 Stunden lang im Kühlschrank durchkühlen, bis die Avocado-Kokosmousse fest ist.
- Lachsfilet klein schneiden. Mit Sesamöl, gehackten Jungzwiebeln, Zucker, Salz, Pfeffer und Sake verrühren. Die Formen mit Avocado-Kokosmousse zur Gänze mit Lachstatar auffüllen.
- Formen kurz in heißes Wasserbad stellen und Avocado-Kokosmousse mit Lachstatar auf Teller stürzen. Mit Rucolablättern garnieren. Für die Garnitur kann man auch noch aus Lachsfiletscheiben Rosen drehen und die Mousse damit verzieren.

WEINTIPP REIFER SAUVIGNON BLANC 2000 ODER GRÜNER VELTLINER RESERVE

土

ERDE

Kokos

Hilft bei Völlegefühl und Obstipation, einige Zutaten wirken auch entgiftend auf den Darm. Ein perfektes Gericht also für Gesundheitsbewusste, die nicht dem Diätwahn verfallen sind.

Tuna Tataki im Reis-Wrap mit 3 Saucenwürfeln

ZUTATEN

WASABIRAHMWÜRFEL
1 EL Sauerrahm
$1/2$ TL Wasabi
1 Prise Salz
2 Blätter Gelatine
(oder 1 EL Agar Agar)

CHILISAUCEWÜRFEL
2 EL Chilisauce
$1/2$ TL heller Balsamico
2 Blätter Gelatine
(oder 1 EL Agar Agar)

SOJASAUCEWÜRFEL
2 EL Sojasauce
1 TL Wasser
2 Blätter Gelatine
(oder 1 EL Agar Agar)

120 g Thunfisch
12 Wan-Tan-Blätter
8 Blätter Rucola
4 Blätter Nori
4 kleine Salatblätter
4 TL Ketakaviar

ZUBEREITUNG

▸ Für die Wasabirahmwürfel Sauerrahm, Wasabi und Salz vermischen. Gelatine auflösen und zugeben oder Agar Agar einrühren. Nach dem Gelieren in $1/2$ cm große Würfel schneiden.

▸ Für die Chiliwürfel Chilisauce und Balsamico verrühren. Gelatine auflösen und zugeben oder Agar Agar einrühren. Nach dem Gelieren in $1/2$ cm große Würfel schneiden.

▸ Für die Sojawürfel Sojasauce mit Wasser verdünnen. Gelatine auflösen und zugeben oder Agar Agar einrühren. Nach dem Gelieren in $1/2$ cm große Würfel schneiden.

▸ Thunfisch in ganz kleine Stücke schneiden.

▸ Backpapier zu 12 Stanitzeln formen und mit einem Klipp zusammenhalten. Wan-Tan-Blätter darüber wickeln und bei 150 °C im vorgeheizten Backrohr 2 Minuten lang backen. Backpapier entfernen.

▸ Alle Stanitzel mit Thunfischtataki füllen und in die Schnapsgläser stellen.

▸ 4 Stanitzel mit Rucolablättern und Wasabirahmwürfeln garnieren.

▸ 4 Stanitzel mit je einem Noriblatt und Sojawürfeln garnieren.

▸ 4 Stanitzel mit Salatblättern, Chiliwürfeln und Ketakaviar garnieren.

WEINTIPP WEICHER GRÜNER VELTLINER-STIL, Z. B. GV GRUB/GOBELSBURG ODER VIOGNIER

WASSER

Dekoration: 12 kleine Schnapsgläser jeweils zur Hälfte gefüllt mit getrockneten Bohnen, Linsen und rohem Reis

Schafmilchricotta mit Nashibirne, Minze und Tuna Tataki

ZUTATEN
1 Nashibirne
400 g Schafmilchricotta
Salz, Pfeffer
240 g Thunfischfilet
10 Minzeblätter
1 Bund Koriander
1 Bund Salbeiblätter
getoastetes Weißbrot

ZUBEREITUNG

▸ Nashibirne schälen, entkernen und dünnblättrig schneiden. Schafmilchricotta in eine Schüssel geben, Nashibirnenscheiben darunter mischen. Mit Salz und Pfeffer abschmecken.

▸ Thunfischfilet in kleine Stücke schneiden. Minzeblätter vom Stängel zupfen.

▸ Kleine Schüsseln mit Schafmilchricotta zur Hälfte befüllen. Tuna Tataki darauf verteilen, rechts mit Koriander-, Salbei- und Minzblättern garnieren. Mit getoastetem Weißbrot servieren.

WEINTIPP ROTGIPFLER, ZIERFANDLER ODER CUVÉE

METALL

Nashibirne

„*Mit Nashibirne wird das Gericht knackig-süß. Manchmal ersetze ich sie auch durch geviertelte Litschis, dann wird es saftig-süß.*"

Japanischer Koknozusalat mit Kichererbsen

ZUTATEN 80 g Kichererbsen, 40 g grüne Linsen, 40 g rote Linsen, 80 g Naturreis, 1 Blatt Nori (Größe A4), ½ Papaya, 4 EL Bonitoflocken, Friséesalat zum Garnieren, Salz, ½ TL Sesamöl, 8 EL Sushi-Essig

„Koknozu ist japanisch und bedeutet Getreide. Wir machen also einen japanischen Getreidesalat."

ZUBEREITUNG

▸ Kichererbsen über Nacht in Wasser einweichen und anschließend weich kochen.

▸ Linsen 1 Stunde in kaltem Wasser einweichen und anschließend bissfest kochen.

▸ Naturreis ca. 20 Minuten lang weich kochen. Achtung: Nicht zu lange kochen, damit die Schale nicht aufbricht.

▸ Noriblatt in ganz feine Streifen schneiden.

▸ Papaya schälen, entkernen und in kleine Stücke schneiden. Mit dem Mixer pürieren.

▸ In 4 kleine Schüsseln (ca. 8 cm Durchmesser) der Reihe nach grüne Linsen, rote Linsen, Naturreis und zum Schluss Kichererbsen hineinschichten. Über den Kichererbsen Noristreifen und Bonitoflocken verstreuen, mit Friséesalat garnieren.

▸ Salz, Sesamöl, Essig und Papayapüree in einer Schüssel zu einem Dressing verarbeiten. In 4 Gläsern aufteilen und separat zum Koknozusalat servieren.

WEINTIPP GRÜNER VELTLINER MIT LEBENDIGER TEXTUR, Z. B. FEDERSPIEL/RUDI PICHLER

土
ERDE

Austern mit Bonitoflocken und Sake-Thaibasilikum-Vinaigrette

ZUTATEN

16 Austern (Fines de Claires)
1 Bierrettich
10 große Thaibasilikumblätter
$1/8$ l Sake
Saft von 1 Zitrone
Salz
$1/2$ TL Zucker
1 EL Weißweinessig
4 EL Bonitoflocken

ZUBEREITUNG

- Austern mit einem Austernmesser öffnen (Vorsicht: Der Saft soll nicht ausrinnen).
- Bierrettich schälen und mit einem Sparschäler in dünne Streifen hobeln. Mit kaltem Wasser waschen und $1/2$ Stunde in Wasser legen, damit die Schärfe entzogen wird. In ein Sieb leeren und abtropfen lassen.
- Rettich auf Tellern verteilen, Austern darauf setzen.
- Thaibasilikum klein schneiden. Mit Sake, Zitronensaft, Salz, Zucker und Essig zu einer Vinaigrette verrühren. Über die Austern gießen und mit Bonitoflocken bestreuen.

WEINTIPP SAUVIGNON BLANC IM INTERNATIONALEN STIL, Z. B. NUSSBERG/GROSS

WASSER

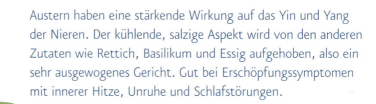

Thaibasilikum

Austern haben eine stärkende Wirkung auf das Yin und Yang der Nieren. Der kühlende, salzige Aspekt wird von den anderen Zutaten wie Rettich, Basilikum und Essig aufgehoben, also ein sehr ausgewogenes Gericht. Gut bei Erschöpfungssymptomen mit innerer Hitze, Unruhe und Schlafstörungen.

Gurken-Tagliatelle
mit Sesamölvinaigrette und Chilisomen

ZUTATEN
1 Salatgurke
2 Chilischoten
200 g Somen (japanische Weizennudeln)
6 EL Sushi-Essig
1 EL Sesamöl
2 EL Chilisauce
1 EL Gomasio (gerösteter Sesam)
2 EL Sojasauce
1 EL Zucker

▸ Salatgurke schälen, Schale zu Julienne schneiden und beiseite stellen. Gurke halbieren, entkernen und mit einem Sparschäler in lange, schlanke Streifen hobeln. Chilischoten in Streifen schneiden.

▸ Somen in kochendes Wasser (ohne Salz) geben. 3 Minuten lang kochen und dabei glasweise kaltes Wasser dazuschütten, damit das Kochwasser nicht übergeht. Abseihen, mit kaltem Wasser abschrecken und in eine Schüssel geben.

▸ Somen mit Essig, Sesamöl, Chilisauce, Gomasio, Sojasauce und Zucker vermischen. Bei Bedarf solange Essig und Zucker zugeben, bis ein süß-saurer Geschmack entsteht.

▸ In 4 kleinen Formen die geschnittene Gurke und die Gurkenschalen zu Nestern formen. Somen in Sari* drehen und in die Mitte der Gurkennester legen. Mit Chilistreifen garnieren.

*Sari ist eine Bezeichnung für eine Portion Nudeln. Dabei wird eine Hand voll Nudeln mit einer Drehbewegung auf ein Sieb gelegt.

WEINTIPP ASIA EDITION (CUVÉE ROTGIPFLER, ZIERFANDLER, RIESLING)/STADLMANN

ERDE

Gomasio

„Diese Speise habe ich zum ersten Mal bei der Hochzeit von Georg und Doris im Sommer 2002 vorgestellt. Sie schmeckt so wie das Leben: süß, sauer, würzig und danach vollkommen harmonisch. Alles Gute!"

Lachs-Carpaccio mit Koriandersorbet und Zitronengras

ZUTATEN

KORIANDERSORBET
20 Bund Koriander
1 Spritzer Zitronensaft
Salz
1/8 l Wasser

4 EL Korianderpesto
(siehe S. 14)
400 g Lachsfilet
4 Zitronengras-Stangen
4 EL heller Balsamico
1 Prise Salz
Koriander zum Garnieren

ZUBEREITUNG

- Für das Koriandersorbet Koriander samt Stängeln klein hacken. Alle Zutaten mit Wasser vermischen und gut durchrühren. Mit dem Mixstab pürieren.
- Entweder mit einer Sorbetmaschine zu Sorbet verarbeiten. Oder solange in den Tiefkühler stellen, bis es durchgefroren ist. Achtung: Dabei alle 2 Stunden herausnehmen und umrühren, um ein Kristallisieren der Masse zu verhindern.

- Korianderpesto zubereiten.
- Lachsfilet in dünne Scheiben schneiden.
- Zitronengras-Stangen quer in dünne Scheiben schneiden. In 4 Gläser füllen und jeweils dünne Lachsfiletscheiben darüber legen.
- Balsamico, Korianderpesto, Salz zu einem Dressing verrühren und die Lachsscheiben damit übergießen.
- Mit dem Eisportionierer 4 Kugeln aus dem Koriandersorbet formen und oben darauf setzen. Mit frischem Koriander garnieren.

WEINTIPP ZIERFANDLER, WIE Z. B. ZIERFANDLER MANDLHÖH/STADLMANN

METALL

In diesem Rezept dominiert der Koriander, mit seinem scharfen Geschmack und seinem wärmenden Charakter. Menschen, die häufig frieren oder unter Verdauungsproblemen leiden, könnten dieses Rezept therapeutisch einsetzen.

Hummer-Sashimi mit Rosensauce und Shisoblatt

ZUTATEN

ROSENSAUCE
2 Blätter Gelatine
1/2 Flasche Rosenwasser
(à 125 ml, Reformhaus)
1 Tropfen Rosenöl
1/4 reife Papaya
(entkernt)
1/2 TL Chilisaft
1 Prise Zucker
1 Prise Salz

4 Hummerschwänze
1/2 Bierrettich
crushed Eis
4 Shisoblätter
200 g Seegras
Sojasauce und Wasabi
nach Geschmack

ZUBEREITUNG

- Für die Rosensauce Gelatine in Wasser einweichen und ausdrücken. Die restlichen Zutaten in eine Schüssel geben und mit dem Mixstab pürieren. Ausgedrückte Gelatine dazumischen und Rosensauce zum Gelieren in den Kühlschrank stellen.

- Hummerschwänze kurz in kochendem Wasser blanchieren, damit man sie leichter schälen kann. Geschälte Hummerschwänze in 3 mm dicke Scheiben schneiden.
- Bierrettich schälen und mit einem Sparschäler fein hobeln. Zweimal mit kaltem Wasser gut waschen und 1/2 Stunde in Wasser legen, damit die Schärfe entzogen wird.
- Gecrushtes Eis in 4 Schüsseln verteilen, mit Bierrettich belegen. Shisoblätter darauf legen und Hummerschwänze kreisförmig anrichten. In der Mitte Seegras drapieren.
- Rosensauce feinblättrig schneiden und schichtweise zwischen die Hummerscheiben legen. Nach Geschmack mit Sojasauce und Wasabi verfeinern.

WEINTIPP ZARTER TRAMINER, Z. B. 2002 TRAMINER GRASSNITZBERG/POLZ

WASSER

Dieses Rezept harmonisiert die Elemente Wasser und Feuer, also Yin und Yang, oder nach der Zuordnung im Körper, Herz und Niere. In der Chinesischen Lehre ist die Harmonie von Yin und Yang der Garant für langes Leben in guter Gesundheit und bei wachem Geist.

Shisoblatt

EIERSCHWAMMERL ZENSAI

Eierschwammerln in japanischer Misosuppe

ZUTATEN
1 Blatt Kombu, 1 EL Bonitoflocken, 1 l Wasser, 4 TL helle Misopaste, 2 TL Reismisopaste, 80 g Eierschwammerln, 40 g würfelig geschnittener Tofu, 1 TL Wakame (Seetang für die Misosuppe), 2 TL Jungzwiebelringe

ZUBEREITUNG
- Kombu und Bonitoflocken mit Wasser aufkochen. 30 Minuten ziehen lassen, dann abseihen.
- Helle Misopaste und Reismisopaste einrühren, Suppe nochmals aufkochen.
- Eierschwammerln putzen und in kleine Stücke schneiden. Gemeinsam mit Tofu und Wakame in die Suppe geben und aufkochen.
- Suppe in Schalen gießen und mit Jungzwiebeln garnieren.

WASSER

Gefülltes Reispapier

ZUBEREITUNG
- Noriblätter mit der Hand zerbröseln. Mit Sesamöl, Sojasauce und Jungzwiebeln vermischen, einige Zeit marinieren lassen.
- Eierschwammerln putzen und klein schneiden. In einer Pfanne etwas Olivenöl erhitzen, Eierschwammerln darin kurz anrösten, salzen und zur Seite stellen.
- Reispapier anfeuchten. Chilischoten klein schneiden.
- Jedes Reispapier mit Rucola, gerösteten Eierschwammerln, Chili und marinierten Noriblättern belegen.
- Reispapier wie einen Polster einschlagen und dritteln. Mit der offenen Seite nach oben auf einen Teller stellen.

METALL

Eingelegte Eierschwammerln in Kernöl

ZUTATEN

2 große Zwiebeln
400 g Eierschwammerln
2 Stangen Zitronengras
Öl zum Braten, Salz, Pfeffer
8 Kaffir-Limettenblätter
$1/8$ l Kernöl
1 Schuss Balsamico

ZUBEREITUNG

▸ Zwiebeln schälen und klein hacken. Eierschwammerln putzen und klein schneiden. Zitronengras-Stangen blättrig schneiden.

▸ In einer Pfanne Öl erhitzen, Zwiebeln darin goldbraun anrösten. Eierschwammerln zugeben, mit Salz und Pfeffer würzen.

▸ Kaffir-Limettenblätter und zerkleinerte Zitronengras-Stangen einmischen. Mit Kernöl und Balsamico abschmecken.

▸ Eierschwammerln noch heiß in Gläser füllen und verschließen. Nach dem Abkühlen in den Kühlschrank stellen.

METALL

WEINTIPP GRÜNER VELTLINER/LOIMER

...mit Eierschwammerln

ZUTATEN

10 Blatt Nori
1 TL Sesamöl
1 EL Sojasauce
2 EL Jungzwiebelringe
400 g Eierschwammerln
Olivenöl zum Braten, Salz
4 Stk. vietnamesisches Reispapier
2 Chilischoten, Rucola

Tomatengazpacho mit frischem Koriander

ZUTATEN

4 Tomaten
2 TL Tomatenmark
Salz
2 gehackte Knoblauchzehen
2 TL Zitronensaft
2 TL gehackte Zwiebel
2 TL Schnittlauch
4 EL geschnittene Korianderblätter
Kirschtomaten und Chilischoten für die Garnitur

ZUBEREITUNG

- Die Tomaten kreuzweise einschneiden, blanchieren, kalt abschrecken, schälen und entkernen.
- Die Hälfte der Tomaten mit Tomatenmark, Salz, Knoblauch und Zitronensaft (bei Bedarf mit einer Prise Zucker) im Mixer pürieren.
- Die restlichen Tomaten in Würfel schneiden. Mit gehackter Zwiebel, Schnittlauch und geschnittenem Koriander vermischen.
- Beide Tomatenvariationen zu einem Gazpacho vermischen, in Gläser füllen, mit Kirschtomaten und Chilischoten dekorieren.

WEINTIPP ZIERFANDLER

HOLZ

Koriander

„Mein bestes Gazpacho habe ich im Jahr 2000 in Frankreich gegessen. Davor mochte ich Tomaten nicht so gern. Aber in Montpellier habe ich zum ersten Mal den vollkommenen Tomatengeschmack erfahren. Dieses Süße-Saure! Seither liebe ich Tomaten, besonders mit Chili kombiniert."

Warme Gerichte

Süßkartoffelsuppe mit Kokoscreme

ZUTATEN

500 g Süßkartoffeln
1 1/2 Dosen Kokosmilch (à 330 ml)
1/4 l Wasser
1/2 TL geriebene Muskatnuss
1/2 TL Ingwersaft
1/2 TL Vanillepulver
Zimt, Salz, Zucker
Öl zum Frittieren

METALL

ZUBEREITUNG

- Süßkartoffeln weich kochen, schälen und in kleinere Stücke schneiden. Von einer größeren Kartoffel 4 dünne Scheiben abschneiden. Jede Scheibe in unterschiedlichen Breiten mehrmals der Länge nach einschneiden, aber nicht durchschneiden, und für die Garnitur beiseite stellen.
- Kokosmilchdosen öffnen, 4 EL vom Kokosmilchrahm abschöpfen und ebenfalls für die Garnitur beiseite stellen.
- Süßkartoffeln, Kokosmilch und Wasser in einem Gefäß vermischen. Muskatnuss, Ingwersaft und Vanillepulver zugeben, mit einem Stabmixer pürieren. Einmal aufkochen und maximal 5 Minuten lang köcheln lassen. Mit Zimt, Salz und Zucker würzen und noch einmal aufkochen.
- In der Zwischenzeit in einer Pfanne reichlich Öl erhitzen, die 4 eingeschnittenen Kartoffelscheiben darin frittieren. Durch die Hitze verdrehen sie sich in alle Richtungen und werden so zum phantasievollen Dekorationsobjekt. Herausnehmen und auf Küchenpapier abtropfen lassen.
- Süßkartoffelsuppe in Schalen anrichten und jeweils mit einer frittierten Kartoffelscheibe und einem Tupfer Kokoscreme garnieren.

WEINTIPP CHARDONNAY

Süßkartoffeln

Ideal in der Herbst- und Winterzeit. Die Suppe stärkt die Mitte, die Lunge und die Abwehrkraft.

Kokos-Ramen

ZUTATEN

4 EL Korianderpesto (siehe S. 14)
500 g gemischtes Gemüse (Sojasprossen, Zucchini, Lauch, Pak Choi oder Chinakohl, Karotten)
2 Chilischoten
4 EL Olivenöl zum Braten
400 g gemischte Meeresfrüchte
12 Cocktailgarnelen
4 EL Hon dashi (japanische Fischbouillon)
1/2 l Kokosmilch
1 l Wasser
Salz, Pfeffer
8 EL Chilisauce
400 g japanische Weizennudeln (oder hausgemachte Nudeln)
eventuell Korianderblätter zum Garnieren

ZUBEREITUNG

- Korianderpesto herstellen.
- Gemüse putzen, waschen und in Streifen schneiden. Chilischoten in Scheiben schneiden und beiseite stellen.
- Olivenöl im Wok erhitzen, geschnittenes Gemüse darin kurz anbraten.
- Meeresfrüchte und Garnelen zugeben und mitbraten.
- Hon dashi, Kokosmilch und Wasser zugießen, aufkochen und 3 Minuten lang kochen lassen.
- Mit Salz, Pfeffer, Korianderpesto, Chilisauce und Chilischeiben würzen.
- In der Zwischenzeit Nudeln weich kochen.
- Nudeln in Schalen anrichten, mit Kokos-Suppe auffüllen und eventuell mit Korianderblättern garnieren.

WEINTIPP CHARDONNAY SELECTION (MIT LEICHTEM RESTZUCKER)/BÖHEIM

ERDE

„Ramen ist die japanische Bezeichnung für kräftige Nudelsuppe. Sie wird hauptsächlich im Winter gegessen, weil sie sehr mollig ist und wärmt."

Sojasprossen

Galgant-Curry-Suppe
mit Flusskrebs-Thaimango-Ravioli

ZUTATEN

FLUSSKREBS-THAIMANGO-RAVIOLI

400 g Mehl
$1/8$ l Wasser
1 Prise Salz
1 grüne Mango
4 ausgelöste Flusskrebse

GALGANT-CURRY-SUPPE

100 g Galgant
5 Zitronengras-Stangen
20 g Ingwer
2 Knoblauchzehen
1 EL Kurkuma
50 g getrocknete Shrimps
$1/2$ l Rindsuppe
1 Dose Kokosmilch (à 330 ml)
Koriander zum Garnieren

ZUBEREITUNG

- Für die Ravioli Mehl, Wasser und Salz zu einem Teig kneten. Eine Stunde rasten lassen, nochmals durchkneten. Das Prozedere 2–3 x wiederholen, damit ein elastischer Nudelteig entsteht. Teig 2 mm dick ausrollen und in 4 Rechtecke à 5 x 10 cm schneiden.
- Mango schälen und in kleine Würfel schneiden. Teigstücke mit je 1 Flusskrebs und ca. $1/2$ TL Mangowürfeln füllen. Zusammenklappen und an den Rändern festdrücken.
- Für die Suppe Galgant, Zitronengras-Stangen, Ingwer und Knoblauch klein hacken. Gemeinsam mit Kurkuma, Shrimps und Rindsuppe im Mixer pürieren. Püree in einen Topf füllen, Kokosmilch zugießen, aufkochen und 10 Minuten lang köcheln lassen.
- In der Zwischenzeit in einem größeren Topf Salzwasser aufkochen, Ravioli darin kurz blanchieren.
- Suppe in Schüsseln füllen, je 1 Ravioli hineinlegen und mit Koriander garnieren.

WEINTIPP JUGENDLICHER RIESLING

METALL

Die Suppe ist ein ideales Gericht, um Kälte zu vertreiben und eventuell einer Erkältung vorzubeugen. Achtung: Menschen mit entzündlichen Magen-Darm-Erkrankungen sollten die Suppe meiden.

Taschenkrebssuppe mit vietnamesischer Frühlingsrolle

ZUTATEN

4 Taschenkrebse
2 Bund Thaibasilikumblätter
1 EL Hon dashi
1 EL Salz
1 Karotte
1 Zucchini
4 Fisolen
1 Zitronengras-Stange
4 Reisteigblätter
8 Salatblätter
2 Bund Minzblätter

ZUBEREITUNG

- In einem großen Topf Wasser mit Taschenkrebsen, Thaibasilikumblättern, Hon dashi und Salz aufkochen. Nach $1/2$ Stunde Krebse herausnehmen und Fleisch auslösen. Schalen wieder in die Suppe geben und 3 Stunden köcheln lassen. Dazwischen mehrmals abseihen, bis eine klare Suppe entsteht.
- Karotte putzen, Zucchini und Fisolen waschen. Karotte und Zucchini mit dem Sparschäler der Länge nach in Scheiben, Fisolen und Zitronengras-Stange in kleine Ringe schneiden und beiseite stellen.
- Reisteigblätter in warmem Wasser 1 Minute einweichen. Reisteigblätter auflegen. Das unterste Drittel mit Salatblättern, Krebsfleisch, Minzblättern belegen und einrollen. In Klarsichtfolie wickeln und $1/2$ Stunde ziehen lassen.
- Gemüsestreifen in 4 Schüsseln verteilen und mit heißer Suppe übergießen. Frühlingsrollen auswickeln, in mundgerechte Stücke schneiden und extra dazu servieren.

WEINTIPP DEUTSCHER RIESLING

ERDE

„Taschenkrebssuppe erinnert mich an meine Kindheit, meine Mutter hat sie immer mit Miso gekocht. Ich habe ihrer Rezeptur einen modernen Stil verpasst: klare Suppe und frische Kräuter. Die Suppe meiner Mutter bleibt für mich trotzdem unübertroffen."

Gedämpftes Ei mit sautierten Steinpilzen und Ketakaviar

ZUTATEN
2 Frühlingszwiebeln
100 g Steinpilze
8 Eier
1/4 l Wasser
1 TL Hon dashi
2 g Butter
1 EL Apfelbalsamessig
4 TL Ketakaviar

ZUBEREITUNG

▸ Frühlingszwiebeln in kleine Ringe, Steinpilze blättrig schneiden.
▸ Eier mit Wasser vermischen und durch ein Sieb gießen, damit keine Klumpen mehr in der Masse sind. Mit Hon dashi, Frühlingszwiebeln und Salz würzen. In 4 feuerfesten Schüsseln verteilen und im Dampfgarer 20 Minuten lang bei 90 °C dämpfen.
▸ Kurz vor Ende der Dampfzeit in einer Pfanne Butter erhitzen, Steinpilze darin kurz anbraten. Mit Apfelbalsamessig ablöschen und auf den gedämpften Eiern verteilen. Zum Schluss je 1 TL Ketakaviar darauf setzen.

WEINTIPP FINESSENREICHER GRÜNER VELTLINER, Z. B. HIRTZBERGER

ERDE

„Eigentlich ein traditionelles japanisches Frühstück. Habe ich als Kind immer als Zwischenmahlzeit bekommen, natürlich ohne Kaviar! Heute geht das gedämpfte Ei mit dem Dampfgarer recht einfach, früher im Wasserbad war es etwas umständlicher."

Ketakaviar

Tempeh mit süß-saurem Currygemüse

ZUTATEN

600 g gekochter, warmer Sushi-Reis (siehe S. 137), 250 g Tempeh, 4 Schalotten, 1 Karotte, 8 Okras, 1 Jungzwiebel, 2 Chilischoten, Öl zum Braten, $1/8$ l Sushi-Essig, 1 EL Tamarindensaft, 1 EL Kurkuma, Salz, Pfeffer, 2 EL Zucker, 1 EL Stärkemehl, 1 EL Wasser

ZUBEREITUNG

- Sushi-Reis herstellen und warm halten.
- Tempeh in dünne Scheiben schneiden. Schalotten schälen und in Ringe schneiden. Karotte schälen und in Scheiben schneiden. Okras waschen, halbieren und blanchieren. Jungzwiebel in größere Streifen, Chilischoten klein schneiden.
- In einer Pfanne Öl erhitzen, Tempeh darin anbraten.
- Etwas Öl im Wok erhitzen, Tempeh und Gemüse darin anbraten. Sushi-Essig, Tamarindensaft und Kurkuma untermischen. Salzen, pfeffern und zuckern. Stärkemehl in Wasser auflösen und dazurühren.
- Auf Tellern anrichten und mit Sushi-Reis servieren.

ERDE

WEINTIPP ZIERFANDLER ODER ASIA EDITION/STADLMANN

Rote-Rüben-Risotto mit grünem Spargel

ZUTATEN

600 g gekochter, warmer Sushi-Reis (siehe S. 137)
1/2 kg Rote Rüben
1 Zwiebel
3 EL Maiskeimöl
1 TL Zucker
3 EL Balsamico
1/8 l Wasser
1/2 TL Muskatnuss
1/2 TL Salz
16 Stangen grüner Spargel
Öl zum Braten
Parmesan zum Bestreuen

ZUBEREITUNG

- Sushi-Reis herstellen und warm halten.
- Rote Rüben weich kochen, schälen und klein schneiden.
- Zwiebel schälen und klein schneiden. In einer Pfanne Maiskeimöl erhitzen, Zwiebel darin anrösten. Zucker zugeben und Zwiebel 2 Minuten karamellisieren.
- Rote Rüben, karamellisierte Zwiebel, 2 EL Balsamico, Wasser, Muskatnuss und Salz vermischen und mit dem Mixer pürieren. Rote-Rüben-Püree gut mit dem Sushi-Reis vermischen, damit keine Klumpen entstehen.
- Spargel waschen und abtrocknen. In einer Pfanne Öl erhitzen, Spargel darin ca. 1 Minute anbraten und mit 1 EL Balsamico abschmecken.
- Je 4 Spargelstangen auf Tellern anrichten. Mit einem Eisportionierer Kugeln aus dem Rote-Rüben-Risotto ausstechen und pro Teller 3 Kugeln zu den Spargelstangen anrichten. Vor dem Servieren mit Parmesan bestreuen.

WEINTIPP SAFTIGER SAUVIGNON BLANC, Z. B. SAUVIGNON RESERVE 02/MARKOWITSCH

ERDE

Rote Rüben

Tempeh-Lasagne mit Kokos-Tomatensauce

ZUTATEN

250 g Tempeh
10 kleine Auberginen
4 Tomaten
5 EL Olivenöl
2 Jungzwiebeln
4 EL geriebener Parmesan
2 Knoblauchzehen
1 Dose geschälte Tomaten
1 Dose Kokosmilch (à 330 ml)
2 EL Tomatenmark
1 TL Harissa
1 EL Zucker

ZUBEREITUNG

- Tempeh in breitere Scheiben schneiden. Auberginen halbieren und kurz in kaltes Salzwasser eintauchen, damit sie sich nicht braun verfärben. Tomaten halbieren und entkernen.
- In einer Pfanne etwas Öl erhitzen. Zunächst Tempeh, dann Auberginen und zum Schluss Tomaten darin beidseitig anbraten. Jungzwiebeln in Scheiben schneiden. Alles abwechselnd wie Lasagne in 4 kleine, feuerfeste Schüsseln schichten, mit Parmesan bestreuen.
- Knoblauch schälen und klein schneiden. Mit Dosentomaten, Kokosmilch, Tomatenmark, Harissa, Zucker im Mixer pürieren und abseihen. In 4 Gläser füllen.
- Tempeh-Lasagne im Backrohr 5 Minuten lang bei 200 °C erwärmen und mit den Gläsern mit Kokos-Tomatensauce servieren.

WEINTIPP WEICHER SAUVIGNON BLANC-STIL, Z. B. 2002 SB/TEMENT

ERDE

Dieses Gericht ist gut für Menschen, die zu Bluthochdruck, innerer Unruhe, Zahnfleischbluten und Ödembildung neigen.

Ginsengrisotto mit roten Datteln und Maronistücken

ZUTATEN

200 g gekochter Sushi-Reis (siehe S. 137)
2 Ginsengwurzeln (oder 4 Päckchen Ginsengteepulver)
$1/8$ l Wasser
1 EL Maiskeimöl
$1/4$ l Wasser (oder Hühnerbouillon)
10 rote asiatische Datteln
10 gekochte Maroni (geschält)
1 TL Berberitzen
2 EL Honig
$1/2$ TL Salz

ZUBEREITUNG

- Sushi-Reis herstellen und warm halten.
- Ginsengwurzeln in dünne Scheiben schneiden oder Teepulver in $1/8$ l heißem Wasser auflösen.
- In einem Topf Maiskeimöl erhitzen, Ginsengscheiben darin anrösten oder Tee zugießen. Wasser (oder Hühnerbouillon) dazu leeren. Datteln, Maroni, Berberitzen und Honig zugeben, 30 Minuten lang kochen lassen (mit Ginsengtee nur 20 Minuten). Mit Salz abschmecken.
- Gekochten Reis untermischen und in Schüsseln servieren.

WEINTIPP TRAMINER RESERVE/MARKOWITSCH

WASSER

Ginseng

„In Korea findet man noch wild wachsenden Ginseng. Wer sich auf die Suche begibt, bereitet sich ordentlich darauf vor. Es ist eine Zeremonie mit einer eigenen Magie. Hat man eine Wurzel gefunden, muss man es in alle vier Himmelsrichtungen hinausrufen. Dann wird in Kreisform ein Holzzaun herum errichtet, damit die Baby-Ginsengs nicht weglaufen. Natürlicher Ginseng gilt als Jungbrunnen und ist dementsprechend wertvoll."

Wokgemüse mit Seitanstücken

ZUTATEN

800 g gemischtes Gemüse (Chinakohl, Paprika, Pak Choi, Zucchini, Karotten, Lauch, Sojabohnen)
2 Chilischoten
400 g Seitan
4 EL Olivenöl
2 TL gehackter Ingwer
1 TL gehackter Knoblauch
2 EL Sojasauce
1 TL Ahornsirup
Salz, Pfeffer
2 TL Sesamöl
8 EL Chilisauce
Koriander zum Garnieren

ZUBEREITUNG

▸ Gemüse putzen und waschen. Chinakohl, Paprika und Pak Choi grob schneiden. Zucchini, Karotten und Lauch in Streifen schneiden. Chilischoten in Ringe schneiden und beiseite stellen.
▸ Seitan in Streifen schneiden.
▸ In einem Wok Olivenöl erhitzen, Seitan darin kurz anbraten. Gemüse zugeben und ca. 1 Minute lang mitbraten.
▸ Ingwer, Knoblauch, Sojasauce, Ahornsirup, Salz und Pfeffer dazumischen und nochmals ca. 1 Minute lang braten. Mit Sesamöl, Chilisauce und Chiliringen würzen.
▸ Wokgemüse auf Tellern anrichten, mit Koriander garnieren.

Tipp zum Schneiden von Wokgemüse: Gemüse mit längeren Garzeiten wie z. B. Karotten sollte man recht klein schneiden. Gemüse mit kürzeren Garzeiten oder mit hohem Wassergehalt wie z. B. Pak Choi hingegen in eher größere Stücke schneiden – so kann man alles gleichzeitig in den Wok geben.

WEINTIPP LEICHTER GRÜNER VELTLINER ODER ASIA EDITION/STADLMANN

ERDE

Pak Choi

Gemüse in Kombination mit warmen Gewürzen wie Chili und Koriander gibt Energie, ohne auf das Gewicht negativen Einfluss zu haben – fast ein Schlankmacher also. Wer zu Hitzesymptomen (starkes Schwitzen, Bluthochdruck, innere Unruhe …) neigt, sollte dann aber besser den Chili weglassen.

Süß-saurer Tofu mit Gemüse

ZUTATEN

300 g Tofu
8 Schalotten
8 Okras
4 afrikanische Auberginen (rund)
8 Kirschtomaten
1 TL Sesamöl
1 EL Maiskeimöl
2 EL Zucker
1/2 TL Salz
Pfeffer
1/16 l Sushi-Essig
1 EL Stärkemehl
5 EL Wasser
Basilikum

ZUBEREITUNG

- Tofu in 1 x 1 cm breite Würfel schneiden. Schalotten schälen und in Ringe schneiden. Okras waschen, halbieren und blanchieren. Auberginen waschen und vierteln. Tomaten waschen, halbieren und entkernen.
- Im Wok Sesamöl und Maiskeimöl erhitzen, Tofu darin anbraten. Schalotten zugeben und 2 Minuten anschwitzen. Auberginen, Okras und Tomaten zugeben und 2 Minuten mitbraten. Zucker, Salz, Pfeffer, Essig, Stärkemehl und Wasser zu einer Marinade verrühren, in den Wok gießen, Gemüse und Tofu durchschwenken.
- Süß-sauren Tofu mit Gemüse in Schüsseln servieren. Mit Basilikum garnieren.

WEINTIPP GEHALTVOLLER GRÜNER VELTLINER, Z. B. SPIEGEL/LOIMER

ERDE

Schalotten

Tofu wirkt leicht kühlend, befeuchtend, entgiftend, was durch die Kombination mit Gemüse unterstützt wird. Männer werden dieses Gericht vermutlich kaum im Restaurant bestellen, obwohl es sie sehr gut harmonisieren könnte.

Soja-karamellisierter Tempeh mit Okra und Auberginen

ZUTATEN

250 g Tempeh natur
5 g Teebutter
5 EL Sojasauce
2 EL Zucker
4 Schalotten
8 kleine Auberginen
8 Okra
1 EL Olivenöl

ZUBEREITUNG

- Tempeh blättrig schneiden. In einer Pfanne Butter erhitzen, Tempeh darin kurz anrösten. 4 EL Sojasauce und Zucker zugeben, umrühren und zum Erkalten beiseite stellen.
- Schalotten schälen. Auberginen und Okras waschen und halbieren.
- In einer Pfanne Olivenöl erhitzen, Schalotten im Ganzen darin goldgelb anrösten. Auberginen zugeben und beidseitig ca. 1 Minute braten. Zum Schluss Okra und 1 EL Sojasauce dazumischen und kurz mitbraten.
- Tempeh mit warmem Gemüse in Schüsseln servieren.

WEINTIPP FRUCHTBETONTER SAUVIGNON BLANC-STIL, Z. B. HOCHGRASSNITZBERG/POLZ

ERDE

Okraschoten

„Ich habe Okra zum ersten Mal vor 10 Jahren bei einem englischen Schauspieler, der am Raimund Theater engagiert war, probiert und mochte es gar nicht. Sah aus wie Pfefferoni, aber ohne Geschmack und glitschig! Erst Jahre später servierte mir eine türkische Familie Okras mit Tomaten, Knoblauch und Chili in Öl gebraten und seither liebe ich Okra!"

Gebratene Artischockenscheiben mit Fischsauce

Zutaten
4 Artischocken
2 Zitronen (unbehandelt)
1 Schalotte
2 Chilischoten
Erdnussöl zum Braten
4 EL Fischsauce
Salz
1 EL Korianderpesto
(siehe S. 14)

ZUBEREITUNG

▸ Die groben Blätter der Artischocken wegnehmen, die oberen Hälften der Artischocken wegschneiden. Artischockenböden freizupfen, Stängel wegnehmen und das Stroh mit einem Löffel herausschaben. In einem Topf Salzwasser aufkochen, Saft und Schale von 1 Zitrone zugeben und Artischockenböden 10 Minuten lang kochen.

▸ Schalotte schälen und in Ringe schneiden. Chilischoten in Scheiben, Artischocken in Streifen schneiden. In einer Pfanne Erdnussöl erhitzen, Artischockenscheiben und Korianderpesto darin 1 Minute lang anbraten. Zum Schluss Saft von 1 Zitrone und Fischsauce zugeben.

▸ Gebratene Artischockenscheiben mit Fischsauce auf Tellern anrichten, mit Schalottenringen und Chilischeiben garnieren.

WEINTIPP OPULENTER GRÜNER VELTLINER

FEUER

Mit den zahlreichen Geschmacksrichtungen eignet sich dieses Gericht auch als Beilage zu scharf gewürzten und gebratenen Fleischgerichten.

Warmer Oktopussalat mit Zitronengras-Risotto

ZUTATEN

1 geputzter Oktopus
à ca. 600 g
150 g Stärkemehl
Öl zum Frittieren
4 EL Chilipüree
1/16 l Sushi-Essig
2 EL Honig
4 EL Sojasauce

ZITRONENGRAS-RISOTTO

240 g gekochter
Sushi-Reis (siehe S. 137)
2 EL Korianderpesto
(siehe S. 14)
4 Zitronengras-Stangen
Saft von 2 Zitronen
1/16 l Weißwein
Salz, Zucker
2 Bund Koriander

ZUBEREITUNG

- Oktopus in einem Topf gut mit Wasser bedecken und ca. 3 Stunden lang weich kochen.
- Oktopus in mundgerechte Stücke schneiden und in Stärkemehl wenden. In einer Pfanne reichlich Öl erhitzen, Oktopus darin frittieren. Herausnehmen und auf Küchenpapier abtropfen lassen.
- In einer anderen Pfanne Chilipüree, Sushi-Essig, Honig, Sojasauce vermischen und erhitzen. Frittierten Oktopus zugeben, durchschwenken und zum Warmhalten ins leicht geheizte Backrohr schieben.
- Sushi-Reis kochen. Korianderpesto herstellen. Zitronengras-Stangen fein hacken.
- In einem Topf Zitronensaft, Zitronengras, Weißwein aufkochen, mit etwas Salz und Zucker würzen. Reis, Korianderpesto und gehackten Koriander untermischen.
- Zitronengras-Risotto mit Oktopussalat auf Tellern anrichten.

WEINTIPP ELEGANTER RIESLING VON DER MOSEL

HOLZ

Wer in Österreich „sich verheizen" sagt, meint eine durch übermäßige Leistung bzw. hohen Energieaufwand hervorgerufene Erschöpfung. Im Chinesischen spricht man von Verbrauch oder Verlust des Yin. Dieses Gericht hilft, verbrauchtes Yin aufzufrischen.

„In Korea sagt man, wer Oktopus isst, verlängert sein Leben."

Fruchtreis mit Jakobsmuschel-Yaki und Erdnuss-Bananen-Chutney

ZUTATEN

ERDNUSS-BANANEN-CHUTNEY
100 g gesalzene Erdnüsse
5 EL Erdnussbutter
2 Bananen
2 g Butter
1/2 TL gehackte Chilischote
1 TL Zucker
1 EL Balsamico
1 Knoblauchzehe
1/16 l Kokosmilch
1 Prise Salz
5 g Butter

FRUCHTREIS
400 g gekochter Sushi-Reis (siehe S. 137)
100 g gesalzene Erdnüsse
1 Jungzwiebel
1 EL Berberitzen
1 EL Pinienkerne
1/8 l Sushi-Essig

4 Zitronengras-Stangen
12 Jakobsmuscheln
5 g Butter

ZUBEREITUNG

- Für das Chutney Erdnüsse mit dem Mörser zerstampfen und mit der Erdnussbutter vermischen. Bananen schälen und in kleine Würfel schneiden.
- In einer Pfanne Butter erhitzen. Alle Zutaten für das Chutney zugeben und 2 Minuten durchschwenken. Vom Herd nehmen und kalt werden lassen.

- Für den Fruchtreis Sushi-Reis herstellen. Erdnüsse mit dem Mörser grob zerstampfen und mit dem Reis vermischen.
- Jungzwiebel in kleine Ringe schneiden. Mit den Berberitzen, Pinienkernen, dem Sushi-Essig unter den Reis mischen und warm stellen.

- Zitronengras-Stangen zuspitzen. Jakobsmuscheln putzen und jeweils 3 Stück auf eine Stange spießen.
- In einer Pfanne Butter erhitzen, Jakobsmuschel-Spieße darin rundherum anbraten.
- Fruchtreis auf Tellern anrichten, Jakobsmuschel-Yaki darauf legen und gemeinsam mit dem Chutney servieren.

WEINTIPP FRUCHTBETONTER MORILLON Z. B. VON POLZ

WASSER

Hier werden fast alle Elemente berücksichtigt, vor allem wird aber das Yin, gering auch das Yang der Niere gestärkt, die man als Kraftwerk des Körpers sieht. Ein Gericht also für alle die nicht wollen, dass ihnen die Kraft ausgeht.

Jakobsmuscheln auf Spinat-Kokosmousse mit Süßkartoffelblüten

ZUTATEN

SÜSSKARTOFFELBLÜTEN
1/2 kg Süßkartoffeln
3 EL Öl zum Braten
2 Bananen
1/8 l Kokosmilch
1/2 TL Zucker
1 Prise Muskatnuss
1 Prise Zimt

SPINAT-KOKOSMOUSSE
500 g Blattspinat
2 Knoblauchzehen
1/8 l Kokosmilch
1 Prise Muskatnuss
Salz

4 ausgelöste Jakobsmuscheln
3 EL Öl zum Braten

ZUBEREITUNG

- Für die Süßkartoffelblüten Kartoffeln schälen und in ca. 2 mm dünne Scheiben schneiden. In einer Pfanne 2 EL Öl erhitzen, Kartoffelscheiben darin beidseitig goldbraun anbraten.
- Gebratene Kartoffelscheiben in kleinen Schüsseln entlang des Randes wie eine Blüte aufstellen.
- In einer Pfanne 1 EL Öl erhitzen. Bananen schälen und blättrig ins heiße Öl schneiden. Kokosmilch zugießen, mit Zucker, Muskatnuss, Zimt würzen und 1 Minute lang kochen. In die Schüsseln mit den Süßkartoffelblüten füllen und im Backrohr bei 80 °C warm stellen.

- Für die Spinat-Kokosmousse Blattspinat blanchieren und kalt abschrecken. Knoblauchzehen klein hacken.
- Spinat, Kokosmilch, Knoblauch vermischen, mit Muskatnuss, Salz würzen und mit dem Mixer pürieren. Mousse in einen Topf leeren und erwärmen.

- Jakobsmuscheln putzen, waschen und abtrocknen. In einer Pfanne Öl erhitzen, Muscheln darin beidseitig 2 Minuten lang anbraten.
- Süßkartoffelblüten mit den Schüsseln auf einen Teller stellen. Daneben einen kleinen Schöpfer Spinat-Kokosmousse platzieren und Jakobsmuscheln darauf legen.

WEINTIPP FRUCHTIGER CHARDONNAY MIT ZARTER RESTSÜSSE

Blattspinat

ERDE

Sepien auf Grapefruit-Senfsauce

ZUTATEN

4 mittelgroße Sepien
1 rosa Grapefruit
2 Zitronengras-Stangen
1 TL Sesamöl
3 EL Limonenöl
1 EL Zucker
1 EL Sojasauce
Saft von 2 Grapefruits
2 EL Apfelbalsamessig
(oder 5 EL Sushi-Essig)
1 EL scharfer Senf
1 TL Zucker
Salz

ZUBEREITUNG

- Sepien putzen und Fangarme vom Körper trennen. Kreuzweise einschneiden, damit die Sepien beim Braten nicht gummiartig werden.
- Rosa Grapefruit schälen und in kleine Würfel schneiden.
- Zitronengras-Stangen klein schneiden. Mit Sesamöl, 2 EL Limonenöl, Zucker, Sojasauce vermischen und Sepien darin 15 Minuten lang marinieren.
- Grapefruitsaft, Essig, Senf, Zucker und Salz in einem Topf aufkochen und die Flüssigkeit auf $1/3$ einreduzieren.
- In einer Pfanne 1 EL Limonenöl erhitzen, Sepien darin scharf anbraten. Grapefruitwürfel zum Schluss kurz durchschwenken.
- Grapefruit-Senfsauce auf Tellern anrichten und Sepien darauf arrangieren.

WEINTIPP KRÄFTIGER GRÜNER VELTLINER, Z. B. DOLCE VITA/BÖHEIM

HOLZ

Trotz der Sepien ist dieses Rezept durch säuerlichen Geschmack definiert und stützt damit die Körpersäfte und Yin. Gut bei Problemen wie trockene Haut und Haare, brüchige Nägel und Hitzewallungen. Aber auch wer zu viel Kaffee und Alkohol trinkt, kann damit verbrauchte Körpersäfte regenerieren.

Rosa Grapefruit

Gedämpfte Ananasravioli mit Erdnuss-Garnelen und Kokos-Erdnusssauce

ZUTATEN

Ananasnudelteig
(siehe S. 98)

FÜR DIE FÜLLE
8 Garnelen
4 TL Erdnussbutter

KOKOS-ERDNUSSSAUCE
1 Zitronengras-Stange
1 Schalotte
2 Chilischoten
1 EL Erdnussöl
2 EL Erdnussbutter
100 g gesalzene Erdnüsse
$1/4$ l Kokosmilch
1 Prise Muskatnuss
Salz

ZUBEREITUNG

▸ Für die Ananasravioli Nudelteig herstellen.
▸ Teig mit einem Nudelholz ausrollen und in 8 Rechtecke à 5 x 10 cm schneiden. Rechtecke mit jeweils 1 Garnele und $1/2$ TL Erdnussbutter füllen. Zu Ravioli zusammenklappen und an den Rändern festdrücken.

▸ Für die Kokos-Erdnusssauce Zitronengras-Stange klein hacken. Schalotte schälen und in Ringe schneiden. Chilischoten in kleine Scheiben schneiden.
▸ In einer Pfanne Erdnussöl mit Erdnussbutter erhitzen. Zerkleinerte Zitronengras-Stange, Schalottenringe und Erdnüsse darin anrösten. Kokosmilch zugießen, mit Chili, Muskatnuss und Salz würzen. Einmal aufkochen und 2 Minuten köcheln lassen.
▸ In der Zwischenzeit in einem großen Topf Wasser aufkochen. Ravioli darin blanchieren und abseihen.
▸ Ravioli in die Pfanne mit der Kokos-Erdnusssauce geben und durchschwenken. Je 2 Ravioli mit Kokos-Erdnusssauce auf Tellern oder in kleinen Schüsseln anrichten.

WEINTIPP JUGENDLICHER, FRUCHTBETONTER RIESLING

ERDE

Ein gutes Gericht für Menschen mit starkem Süßhunger, die damit auf gesunde Weise ihrer Süßlust frönen können. Achtung: Nicht gut bei Problemen mit der Haut.

Erdnüsse

Gedämpfte Birnen mit Ebi-Tempura

ZUTATEN

2 harte Birnen, $1/8$ l Rotwein, $1/8$ l Crème de Cassis, 4 Sternanis, 2 EL Zucker, $1/2$ TL Salz, 5 Chilischoten, 8 geschälte Riesengarnelen, Öl zum Frittieren, Mehl zum Bestauben

TEMPURATEIG

100 g Mehl, 100 g Stärkemehl, 1 TL Zucker, 1 Prise Salz, $1/4$ l Wasser, 4 Eidotter

ZUBEREITUNG

▸ Birnen schälen, vierteln, entkernen und beiseite stellen.

▸ In einem Topf Rotwein, Crème de Cassis, Sternanis, Zucker, Salz und Chilischoten im Ganzen einmal aufkochen und 5 Minuten köcheln lassen. Birnen hineinlegen, Topf vom Herd nehmen und erkalten lassen.

▸ Garnelen putzen und an der Bauchseite 2 bis 3 Mal quer einritzen, damit sie sich beim Frittieren nicht einrollen.

▸ Für den Tempurateig Mehl mit Stärkemehl versieben, mit Zucker und Salz vermischen. Wasser und Eidotter verrühren, Mehlmischung einarbeiten. Achtung: Dazu nicht den Schneebesen verwenden, sondern nur mit einer Gabel leicht schlagen, so dass an der Oberfläche noch Mehlklumpen schwimmen.

▸ In einer Pfanne reichlich Öl erhitzen. Garnelen mit Mehl bestauben, in Tempurateig eintauchen. Zuerst das dickere Kopfstück, dann langsam die restliche Garnele ins heiße Öl gleiten lassen und frittieren.

▸ Birnen ohne Saft auf Tellern anrichten und Ebi-Tempura darüber legen.

Tempurablüten: Die Mehlklumpen im Tempurateig braucht man, um echtes, knuspriges Tempura herzustellen. Im heißen Fett verwandeln sie sich zu verschiedensten Spitzen und Formen, die man in der japanischen Küche Tempurablüten nennt.

WEINTIPP FRUCHTIGER ROTWEIN, ZWEIGELT ODER PINOT NOIR

METALL

Riesengarnelen auf Zitronengras-Spieß mit Glasnudeln

ZUTATEN

280 g dünne Reis-Glasnudeln
1 Knoblauchzehe
12 Riesengarnelen
4 Zitronengras-Stangen
Öl zum Braten
2 EL Ahornsirup
6 EL Sojasauce
3 EL Erdnussmousse
100 g geröstete Erdnüsse
eventuell 1 Chilischote

ZUBEREITUNG

- In einem großen Topf Wasser aufkochen. Glasnudeln darin ca. 5 Minuten lang kochen, bis sie biegsam und heller werden. Abseihen und beiseite stellen.
- Knoblauch schälen und in Scheiben schneiden, Riesengarnelen schälen, Kopf abtrennen. Zitronengras-Stangen an beiden Enden schräg abschneiden. Je 3 Garnelen auf eine Zitronengras-Stange spießen.
- In einer Pfanne Öl erhitzen, aufgespießte Riesengarnelen darin beidseitig anbraten.
- Während des Anbratens Ahornsirup, Knoblauch und Sojasauce zugießen und 2 Minuten mitköcheln lassen.
- In der Zwischenzeit Öl in einer anderen Pfanne erhitzen. Erdnussmousse, Erdnüsse und Glasnudeln durchschwenken (nach Geschmack eine Chilischote hineinschneiden).
- Glasnudeln auf Tellern anrichten, Garnelen-Spieße darauf legen.

WEINTIPP RIESLING 2000, Z. B. SMARAGD LOIBENBERG/KNOLL

WASSER

Garnelen stärken die Elemente Wasser und Erde, die übrigen Zutaten das Element Metall. Insgesamt ein energiereiches Gericht, besonders nach anstrengenden Arbeitstagen.

Garnelen und Zitronengras-Stangen

Zitronengrasnudeln mit Baby-Calamares

ZUTATEN

ZITRONENGRASNUDELN

3 Zitronengras-Stangen
10 g Kaffir-Limetten-
blätter
1/8 l Wasser
400 g Mehl
1 Prise Salz

4 EL Korianderpesto
(siehe S. 14)
600 g Baby-Calamares
(oder Baby-Sepien)
2 EL Olivenöl
2 EL Sojasauce
2 EL Limonenöl
8 Kaffir-Limettenblätter

ZUBEREITUNG

▸ Für die Nudeln Zitronengras-Stangen und Kaffir-Limettenblätter zerkleinern, mit Wasser im Mixer pürieren. Püree mit Mehl und Salz zu einem Teig kneten. Eine Stunde rasten lassen, nochmals durchkneten. Das Prozedere 2 bis 3 Mal wiederholen, damit ein elastischer Nudelteig entsteht. Teig entweder mit einer Nudelmaschine zu Nudeln verarbeiten oder ausrollen und mit einem Messer in 3 mm dicke Nudeln schneiden. Nudeln mit Mehl bestauben, damit sie nicht zusammenkleben.

▸ Korianderpesto herstellen.
▸ Calamares waschen und putzen. Olivenöl in einer Pfanne erhitzen, Korianderpesto dazumischen. Calamares darin ganz kurz anbraten und mit Sojasauce ablöschen.
▸ In der Zwischenzeit Zitronengrasnudeln in kochendes Salzwasser geben und ca. 1 1/2 Minuten lang kochen. In ein Sieb leeren und abtropfen lassen.
▸ In einer Pfanne Limonenöl erhitzen, Zitronengrasnudeln und Kaffir-Limettenblätter durchschwenken.
▸ Nudeln auf Tellern anrichten und gebratene Baby-Calamares darauf legen.

WEINTIPP CHARDONNAY

WASSER

Kaffir-Limettenblätter

Tuna auf Zitronengras-Spieß in Kokos-Chilisauce

ZUTATEN
1 Zitrone
4 Zitronengras-Stangen
4 Thunfischfilets à 80 g
Öl zum Anbraten
1 Dose Kokosmilch
(à 330 ml)
8 EL Chilisauce
4 EL Sojasauce
1 Bund Koriander
Reis als Beilage

ZUBEREITUNG

- Zitrone vierteln, Zitronengras-Stangen an den Enden schräg abschneiden. Thunfischfilets auf die Stangen spießen.
- In einer Pfanne Öl erhitzen, aufgespießten Thunfisch darin rundherum goldbraun anbraten.
- Kokosmilch, Chilisauce und Sojasauce zugeben, ca. 2 Minuten einkochen.
- Thunfisch-Spieße auf Tellern anrichten, mit Zitronenvierteln und Koriander garnieren.

WEINTIPP VOLLMUNDIGER TRAMINER MIT LEICHTEM RESTZUCKER

FEUER

Mit diesem Essen werden Qi und Yin gestärkt und Körpersäfte regeneriert. Durch die Zubereitung in heißem Öl erzielt man wärmenden Charakter. Ideal daher für Menschen, die wechselnd frieren und schwitzen.

Zitronengras-Stangen

Tuna-Strudel auf scharfem Mango-Ananas-Chutney

ZUTATEN

300 g mehlige Kartoffeln
150 g Thunfischfilet
1 Zwiebel
Öl zum Braten
Pfeffer, Salz
Muskatnuss
250 g gebratene Maroni
10 EL Bonitoflocken
2 Blätter Strudelteig
1 EL zerlassene Butter

MANGO-ANANAS-CHUTNEY

1/2 harte Mango (säuerlich)
1/2 Ananas
1 kleine Schalotte
1 Knoblauchzehe
2 Chilischoten
4 EL heller Apfelbalsamessig
1 EL Zucker, Salz
Koriander zum Garnieren

ZUBEREITUNG

- Kartoffeln weich kochen, schälen und in grobe Stücke schneiden. Thunfischfilet klein schneiden. Zwiebel fein hacken.
- In einer Pfanne Öl erhitzen, Zwiebel darin goldbraun anrösten. Kartoffeln zugeben und Röstkartoffeln herstellen. Mit Pfeffer, Salz und Muskatnuss würzen. Thunfisch dazumischen, Maroni und Bonitoflocken hineinbröseln, alles gut verrühren.
- Strudelblätter aufeinander legen und vierteln. Masse jeweils auf einem Viertel verteilen und einrollen. Im vorgeheizten Backrohr 15 Minuten lang bei 150 °C backen. Herausnehmen, mit Butter bestreichen und nochmals für 2 Minuten ins Backrohr schieben.
- In der Zwischenzeit für das Chutney Mango und Ananas schälen. Mango entkernen, Ananas vom Strunk befreien. Fruchtfleisch in 1/2 cm große Würfel schneiden. Schalotte und Knoblauchzehe schälen und fein schneiden, Chilischoten klein hacken.
- Mango, Ananas, Schalotte, Knoblauch, Chili und Essig in einem Topf vermischen. Mit Zucker und Salz abschmecken, kurz aufkochen.
- Tuna-Strudel halbieren, gemeinsam mit dem Chutney auf Tellern anrichten und mit Koriander garnieren.

WEINTIPP TRAMINER RESERVE/GERHARD MARKOWITSCH

ERDE

Mit dem Strudelinhalt wird das Qi des Magens gestärkt. Die Säuerlichkeit des Chutneys wird dem Element Holz zugerechnet und die Schärfe dynamisiert das Qi. Das ergibt eine perfekte Harmonie der Mitte, ist also ideal, wenn man sich kraftlos und überarbeitet fühlt.

Sekunden-Tunasteak
in Soja-Sesamöl-Marinade mit Mangopolenta

ZUTATEN

4 Streifen Kombu
1 Bierrettich

MANGOPOLENTA

1 harte Mango (säuerlich)
1 Dose Kokosmilch
(à 330 ml)
Salz
150 g Maispolenta

3 Knoblauchzehen
2 Chilischoten
1/8 l Sojasauce
1 EL Sesamöl
4 Thunfischsteaks
à 100 g
Öl zum Braten
2 EL Bonitoflocken

ZUBEREITUNG

- Getrockneten Kombu in warmem Wasser 3 bis 4 Stunden lang einweichen.
- Bierrettich schälen und mit einem Sparschäler in dünne Streifen hobeln. Mit kaltem Wasser waschen und 1/2 Stunde in Wasser legen, damit die Schärfe entzogen wird. In ein Sieb leeren, abtropfen lassen und für die Garnitur beiseite stellen.

- Für die Polenta Mango schälen, entkernen und in kleine Stücke schneiden. In einem Topf Kokosmilch erhitzen, salzen und Mangostücke hineinmischen. Polenta zugeben, Topf vom Herd nehmen und rasch umrühren, damit keine Bröckerln entstehen. Mangopolenta in eine Form füllen und zum Erkalten beiseite stellen.

- Knoblauch und Chilischoten blättrig schneiden. In einer Schüssel mit Sojasauce und Sesamöl vermischen. Thunfischsteaks darin 5 Minuten lang marinieren.
- Thunfischsteaks aus der Marinade nehmen und mit Kombu umwickeln.
- Mangopolenta in Scheiben schneiden. In einer Pfanne Öl erhitzen, Polentascheiben darin beidseitig anbraten. Polentascheiben auf Tellern anrichten.
- In der Zwischenzeit in einer zweiten Pfanne Öl erhitzen, Thunfisch darin kurz beidseitig anbraten. Herausnehmen und in der Mitte durchschneiden. Mit den rosa Schnittflächen nach oben auf die Polentascheiben legen und mit Bonitoflocken bestreuen.

WEINTIPP RIESLING SMARAGD

ERDE

Kombu

Ananasnudeln mit scharfem Kaffir-Tunasugo

ZUTATEN

ANANASNUDELN 200 g Ananas mit Saft (aus der Dose), 400 g Mehl, 1 Prise Salz

200 g Thunfischfilet, 1 Zwiebel, 4 Knoblauchzehen, 3 große Tomaten, 3 kleine Chilischoten, 4 gelbe Kirschtomaten, 5 EL Olivenöl, 1 Dose geschälte Tomaten (ca. 330 g), 2 EL Tomatenmark, 5 EL Limonenöl, Salz, ca. 20 g Kaffir-Limettenblätter

ZUBEREITUNG

- Für die Nudeln Ananas mit Saft im Mixer pürieren. Ananaspüree mit Mehl und Salz zu einem Teig kneten. Eine Stunde rasten lassen, nochmals durchkneten. Das Prozedere zwei- bis dreimal wiederholen, damit ein elastischer Nudelteig entsteht. Teig entweder mit einer Nudelmaschine zu Nudeln verarbeiten oder ausrollen und mit einem Messer in 3 mm dicke Nudeln schneiden. Nudeln mit Mehl bestauben, damit sie nicht zusammenkleben.

- Thunfisch klein schneiden. Zwiebel fein hacken, Knoblauch pressen. Tomaten kreuzweise einschneiden, blanchieren, kalt abschrecken und die Haut abziehen. Tomaten entkernen und in Würfel schneiden. Chilischoten in kleine Scheiben schneiden.

- Die Schale der Kirschtomaten auf der Unterseite kreuzweise einschneiden. Kurz in heißem Wasser blanchieren, mit kaltem Wasser abschrecken. Die Schale bis zum Ansatz hinaufziehen, wie eine Blüte aufklappen und für die Garnitur beiseite stellen.

- In einem Topf Olivenöl erhitzen, Zwiebel darin goldbraun anrösten. Thunfisch dazumischen und kurz anbraten. Dosentomaten mit Saft zugeben und mit dem Kochlöffel grob zerstampfen. Mit Tomatenmark, Limonenöl, Chilischeiben und Salz würzen, kurz köcheln lassen. Zum Schluss zerdrückten Knoblauch, Kaffir-Limettenblätter und Tomatenwürfel untermischen und nochmals 1 Minute köcheln lassen.

- In der Zwischenzeit Ananasnudeln in kochendes Wasser ohne Salz geben und ca. 1 $\frac{1}{2}$ Minuten lang kochen. In ein Sieb leeren und abtropfen lassen. Nudeln auf Tellern anrichten, mit scharfem Kaffir-Tunasugo übergießen und je einer Kirschtomate garnieren.

WEINTIPP FEINER RIESLINGSTIL, Z. B. VON RUDI PICHLER ODER STEINMASSL/FRED LOIMER

HOLZ

Gefüllter Tuna
im Bonitomantel mit Pflaumen

ZUTATEN

**MARINADE
FÜR THUNFISCH**

4 EL Sojasauce
1 EL Ahornsirup
2 EL Weißwein
1/8 l Wasser
1 TL gehackter Ingwer
1/2 TL gehackter Knoblauch

**MARINADE
FÜR PFLAUMEN**

3 EL Rotwein
3 EL Orangensaft
1 TL Ahornsirup

1 Bierrettich für die Garnitur
4 Thunfischsteaks à 100 g
8 getrocknete Pflaumen
1 EL Olivenöl
8 EL Bonitoflocken

ZUBEREITUNG

- Für die Thunfisch-Marinade alle Zutaten in einer großen Schüssel vermischen. Thunfischsteaks einlegen und 1/2 Stunde lang ziehen lassen.
- Für die Pflaumen-Marinade alle Zutaten in einer Schüssel vermengen. Pflaumen einlegen und 10 Minuten lang ziehen lassen. In ein Sieb leeren und abtropfen lassen.
- Bierrettich schälen und mit einem Sparschäler in breite Streifen hobeln. Mit kaltem Wasser waschen und 1/2 Stunde in Wasser legen, damit die Schärfe entzogen wird. In ein Sieb leeren und abtropfen lassen.
- In die Thunfischsteaks eine Tasche einschneiden und jeweils mit einer Pflaume füllen.
- In einer Pfanne Olivenöl erhitzen, Thunfischsteaks darin kurz anbraten.
- Thunfischsteaks aus der Pfanne nehmen und in Bonitoflocken wälzen.
- Gefüllten Thunfisch auf Tellern mit Bierrettichstreifen anrichten und jeweils mit einer Pflaume garnieren.

WEINTIPP REIFER PINOT NOIR, Z. B. VON GERNOT HEINRICH

ERDE

Die Kombination aus Thunfisch und Pflaumen sowie Wein und Ahornsirup gibt diesem Gericht einen Blut stärkenden Charakter. Gut für blasse, erschöpfte Menschen.

Gefüllter Tuna mit Pak Choi

ZUTATEN

FÜLLE
4 Shiitake-Pilze
5 g Ingwer
2 EL Teriyakisauce
1 Jungzwiebel
4 gekochte Shrimps

4 Thunfischfilets à 100 g
4 kleine Pak Choi
Öl zum Braten
20 Scheiben Galgant
6 EL Teriyakisauce
2 EL Sojasauce
1 gehackte Knoblauchzehe

ZUBEREITUNG

- Für die Fülle Shiitake-Pilze und Ingwer in Scheiben schneiden. Mit der Teriyakisauce in einen Topf geben und einmal aufkochen. Zur Seite stellen und abkühlen lassen.
- Jungzwiebel putzen und in Scheiben schneiden.
- Thunfischfilets fächerförmig aufschneiden (ähnlich wie Schnitzelfleisch). Thunfischfilets rechteckig auflegen. Das 1. Viertel mit Shiitake-Pilzen, einigen Jungzwiebelscheiben und 1 gekochten Shrimp belegen. Einrollen und das Ende leicht zusammendrücken, eventuell mit Zahnstocher befestigen.
- Pak Choi halbieren, blanchieren, kalt abschrecken und abtropfen lassen.
- In zwei Pfannen Öl erhitzen. Thunfisch in die eine Pfanne legen und beidseitig kurz anbraten. Zur gleichen Zeit in der zweiten Pfanne Pak Choi gemeinsam mit Galgant anbraten.
- Thunfisch und Pak Choi in der jeweiligen Pfanne mit Teriyakisauce, Sojasauce und gehacktem Knoblauch würzen.
- Gefüllten Thunfisch mit Pak Choi auf Tellern anrichten.

WEINTIPP HARMONISCHER SAUVIGNON, Z. B. ZIEREGG ODER GRASSNITZBERG/TEMENT

WASSER

Thunfisch und Pak Choi verhalten sich zueinander wie Yin und Yang, bilden also eine absolute Harmonie. Gutes Gericht für Menschen, die durch physische oder psychische Anstrengung aus der Balance geraten sind und sich wieder stabilisieren wollen.

Ingwer, Galgant und Jungzwiebel

Tuna gefüllt mit Grammeln und Nashibirnen

ZUTATEN

1/2 Nashibirne
4 Stück Thunfischfilet à 100 g
1 Bierrettich
1 EL geschroteter schwarzer Pfeffer
2 EL Gomasio (gerösteter Sesam)
Öl zum Braten
200 g Schweinegrammeln
4 EL geschnittene Jungzwiebeln
3 EL Chilisauce
2 cl süßer Sherry

ZUBEREITUNG

- Nashibirne schälen, entkernen und blättrig schneiden. In jedes Thunfischfilet eine Tasche einschneiden.
- Bierrettich schälen und mit einem Sparschäler in dünne Streifen hobeln. Mit kaltem Wasser waschen und 1/2 Stunde in Wasser legen, damit die Schärfe entzogen wird. In ein Sieb leeren, abtropfen lassen und für die Garnitur beiseite stellen.
- Pfeffer und Gomasio in einer Schüssel vermischen, Thunfischfilets darin beidseitig andrücken.
- In einer Pfanne ein wenig Öl heiß machen und Grammeln anrösten. Jungzwiebeln und Chilisauce zufügen, kurz mitbraten.
- Die Hälfte der Masse in die Thunfisch-Taschen füllen.
- Öl in einer zweiten Pfanne erhitzen, Thunfisch darin kurz anbraten.
- In der Zwischenzeit die restlichen Grammeln in der ersten Pfanne wieder erwärmen, Nashibirne zugeben und mitrösten. Mit Sherry begießen und flambieren.
- Bierrettich auf Tellern anrichten, gefüllten Thunfisch darauf legen und mit den flambierten Grammeln garnieren.

WEINTIPP PINOT NOIR ODER NEUE WELT ZINFANDEL

METALL

Grammeln

„Japanische Küche? Grammeln? Unmöglich!
Ich mache es doch möglich und alle lieben es!"

Sakanajiru (japanischer Fischeintopf)

ZUTATEN

4 EL Korianderpesto
(siehe S. 14)
1 Zucchini
1 Zitronengras-Stange
1 roter Paprika
2 Jungzwiebeln
2 Chilischoten
300 g Fischfilet
(z. B. Lachs,
Heilbutt oder Barsch)
2 TL Hon dashi
1 l Wasser
Salz zum Abschmecken
8 Kaffir-Limettenblätter
4 Bund Koriander

ZUBEREITUNG

▶ Korianderpesto herstellen.
▶ Gemüse waschen. Zucchini der Länge nach halbieren und in Scheiben schneiden (auf Koreanisch nennt man das „Halbmond schneiden"). Zitronengras-Stange, Paprika und Jungzwiebeln in Streifen schneiden. Chilischoten der Länge nach halbieren.
▶ Fischfilets waschen und in mundgerechte Stücke schneiden.
▶ Alle Zutaten in einen Topf geben, einmal aufkochen, abdrehen und 1 Minute lang ziehen lassen. Nochmals aufkochen und in 4 aufgeheizten Schüsseln verteilen. Mit Korianderblättern garnieren.

WEINTIPP ZIERFANDLER

WASSER

„In meinem Restaurant gibt es für die Speisen Schärfegrade von 1 bis 5, die sich die Gäste aussuchen können. 1 ist mild, 5 ist sehr scharf (wirklich!). Und dann gibt es noch 7B. Die Wirkung? Innerhalb einer Sekunde spielt sich Folgendes ab: Schwarz vor den Augen, leichter Schwindel, Schweißperlen unter der Nase, Gänsehaut und dann wird einem ganz kalt ... Eine Mutprobe, die an die zwei Gäste im Monat ausprobieren."

Heilbutt-Yaki mit Maroni-Gnocchi

ZUTATEN
250 g Gnocchi
(siehe S. 112)
1/2 Dose Kokosmilch
(à 330 ml)
100 g gekochte Maroni
(geschält)
1 Prise Muskatnuss
Salz, Pfeffer
2 Okra
Butter zum Braten
4 Heilbuttfilets à 100 g
1/8 l Teriyakisauce
1 TL Gomasio
(gerösteter Sesam)

ZUBEREITUNG
- Gnocchi herstellen.
- In einem Topf Kokosmilch erhitzen. Maroni im Ganzen zugeben, mit Muskatnuss würzen und einmal aufkochen. Salzen, pfeffern und beiseite stellen.
- Okras waschen und in Scheiben schneiden.
- In einer beschichteten Pfanne etwas Butter erhitzen, Heilbuttfilets darin beidseitig kurz anbraten. Mit Teriyakisauce ablöschen.
- Maronisauce mit Gnocchi, Okrascheiben und Gomasio in einem Topf vermischen, am Herd durchschwenken. Auf Tellern anrichten und Heilbuttfilets darüber legen.

WEINTIPP WEISSBURGUNDER ODER GRAUBURGUNDER

ERDE

Maroni

Eine Kombination, die optimal das Qi der Mitte stärkt.

Wolfsbarsch mit Ziegenkäse gefüllt

ZUTATEN

THAI-CURRYSAUCE
1 Zitronengras-Stange
3 Knoblauchzehen
10 g Galgant
10 g Ingwer
1/2 Zwiebel
1 EL Kurkuma
5 Safranfäden
5 Kaffir-Limettenblätter
1 EL Shrimpspaste
(oder 4 EL Fischsauce)
1/8 l Wasser
3 EL Erdnussöl

1 Ziegenkäse mit
Marillenstücken
200 g Wolfsbarschfilet
(oder Lachsfilet)
1/2 TL Öl
2 EL Wasser
200 g gekochter
Sushi-Reis (siehe S. 137)
1/8 l Thai-Currysauce

ZUBEREITUNG

▶ Für die Thai-Currysauce Zitronengras-Stange, Knoblauch, Galgant, Ingwer und Zwiebel klein schneiden. Mit Kurkuma, Safran, Kaffir-Limettenblättern, Shrimpspaste (oder Fischsauce), Wasser und Erdnussöl im Mixer pürieren. In einen Topf gießen, einmal aufkochen und 5 Minuten köcheln lassen.

▶ Ziegenkäse in 4 Stücke teilen. Fischfilets in dünne Scheiben schneiden.
▶ Je 1 Stück Käse auf ein Fischfilet legen und einrollen. 3 bis 4 Fischscheiben in Form einer Rose darüber wickeln.
▶ In einer beschichteten Pfanne Öl erhitzen. Eingerollte Fischfilets hineinstellen und Wasser zugießen. Sofort zudecken und die Temperatur auf das Minimum reduzieren. 5 Minuten lang weich garen.
▶ In der Zwischenzeit Sushi-Reis herstellen und mit der Thai-Currysauce vermischen.
▶ Gefüllten Wolfsbarsch auf Tellern anrichten und mit Thai-Curryreis servieren.

WEINTIPP MORILLON ODER RIESLING

METALL

„Kochen mit Käse ist in der asiatischen Küche völlig unbekannt. Sämtliche Kreationen in diesem Buch entstanden durch die liebevolle Käseaufklärung von Christian Pöhl. Danke Chris!"

Safran-Gnocchi mit gedämpftem Minz-Barsch

ZUTATEN
1/2 kg Kartoffeln
1 Prise Muskatnuss
Salz
1 TL Zucker
1 Packung Safranfäden
3 Eidotter
1 TL Olivenöl
4 Wolfsbarschfilets à 80 g
3 Bund Minzblätter
2 große Salatblätter
1 kleine Zwiebel
Butter zum Braten
1/4 l Gemüsefond
1 TL Hon dashi

ERDE

ZUBEREITUNG

- Für die Gnocchi Kartoffeln weich kochen und schälen. Noch heiß mit der Kartoffelpresse zerdrücken. Mit Muskatnuss, Salz, Zucker und 1/2 Packung Safranfäden würzen. Eidotter und Olivenöl einarbeiten und zu einem flaumigen Kartoffelteig kneten. Achtung: Nicht zu lange und zu stark kneten, da der Teig sonst zu fest wird.
- Teig vierteln und jeweils zu 2 cm dicken, langen Rollen formen. Rollen in 2 cm lange Stücke schneiden.
- Fischfilets in dünne Scheiben schneiden, salzen. Mit Minzblättern belegen und in Rosenform einrollen. Einsatzblech mit Salatblättern belegen, Minz-Barsche darauf stellen und im Dampfgarer 7 Minuten lang bei 80 °C dämpfen. Wenn kein Dampfgarer vorhanden: Beschichtete Pfanne erhitzen, Fische hineinstellen. 4 EL Wasser zugießen, zudecken und auf kleiner Flamme 7 Minuten lang dämpfen.
- In der Zwischenzeit Zwiebel schälen und fein schneiden. In einer Pfanne Butter erhitzen, Zwiebel darin goldgelb anbraten. Mit Gemüsefond aufgießen, die restlichen Safranfäden und Hon dashi zugeben. Einmal aufkochen und 5 Minuten lang köcheln lassen.
- In einem großen Topf Salzwasser aufkochen, Gnocchi hineingeben und solange köcheln, bis einige Gnocchi auf der Wasseroberfläche schwimmen. Abseihen und durch die Sauce schwenken.
- Gnocchi mit Safransauce auf Tellern anrichten und gedämpften Minz-Barsch dazustellen.

WEINTIPP CHARDONNAY

Die Stärkung des Qi der Mitte ist dominierend, allerdings hat der Wolfsbarsch auch stärkende Kraft auf Leber und Niere, ebenso die Gewürze Safran und Minze. Ideal zur Regeneration nach Krankheiten. Achtung: In China wird Schwangeren empfohlen, Safran zu meiden!

Rotbarbe im Süßkartoffelmantel mit Kokos-Ingwersauce

ZUTATEN

1 TL Korianderpesto (siehe S. 14)
50 g Ingwer
4 Rotbarben
Salz, Pfeffer
1 kg Süßkartoffeln
Erdnussöl zum Braten
1 Dose Kokosmilch (à 330 ml)
Thymian zum Garnieren

ZUBEREITUNG

- Korianderpesto herstellen. Ingwer klein hacken.
- Rotbarben so filetieren, dass Kopf und Schwanz noch dranbleiben (kann man auch beim Fischhändler machen lassen). Mit Salz und Pfeffer würzen.
- Süßkartoffeln schälen und die Hälfte davon der Länge nach in Scheiben schneiden. Die andere Hälfte mit dem Sparschäler (oder japanischen Rettichmesser) in dünne Streifen reißen und damit die Rotbarben umwickeln.
- In einer Pfanne Erdnussöl erhitzen, Fische im Süßkartoffelmantel darin beidseitig anbraten. Gleichzeitig in einer zweiten Pfanne Süßkartoffelscheiben anbraten.
- Fische auf vorgewärmte Teller legen und im Backrohr warm stellen.
- In die Pfanne mit dem Fischbratensatz Ingwer, Korianderpesto und Kokosmilch zugeben, salzen und einmal aufkochen. Kokos-Ingwersauce über die Rotbarben gießen, mit gebratenen Süßkartoffelscheiben und Thymian servieren.

WEINTIPP OPULENTER GRÜNER VELTLINER

Dieses Gericht stärkt sowohl die Mitte, hält aber mit Fisch und scharfen Gewürzen auch das Wasser- und Metall-Element in Schwung. Gut in der kalten Jahreszeit. Wer an Hitzesymptomen leidet, sollte jedoch mit den Gewürzen sparsam umgehen.

ERDE

Ingwer

Rochenflügel mit gebratenen Papayastücken

ZUTATEN
2 reife Papayas, 2 Chilischoten, 2 Jungzwiebeln, 2 EL Korianderpesto (siehe S. 14), Filets von 4 Rochenflügeln à 100 g, Stärkemehl zum Bestauben, Salz, Pfefferkörner, Öl zum Braten, 2 EL Fischsauce, 1 KL Wacholderbeeren

ZUBEREITUNG

▸ Papayas schälen, entkernen und in dickere Scheiben schneiden. Chilischoten in kleine Ringe, Jungzwiebeln in Scheiben schneiden.
▸ Korianderpesto herstellen.
▸ Eine Seite der Rochenflügelfilets mit Stärkemehl bestauben, mit Salz und Pfefferkörnern würzen.
▸ In einer Pfanne Öl erhitzen. Rochenflügel auf der bemehlten Seite kurz (ca. 2 Minuten) anbraten und auf vorgewärmte Teller legen.
▸ In der Zwischenzeit Papayascheiben in einer anderen Pfanne anbraten. Mit Fischsauce, Chili, Korianderpesto, Jungzwiebeln und Wacholderbeeren vermischen und über die Rochenflügel gießen.

水
WASSER

WEINTIPP RIESLING

Safran-Minz-Risotto mit Steinbutt

ZUTATEN
400 g gekochter Reis
(siehe S. 137)
1 kleine Zwiebel
Butter zum Anbraten
$1/8$ l Rindsuppe
$1/2$ Päckchen
Safranfäden
2 Bund Minzblätter
4 Steinbuttfilets
à 100 g
Salz, Pfeffer
Olivenöl zum Braten

ZUBEREITUNG
- Reis herstellen.
- In der Zwischenzeit Zwiebel klein hacken. In etwas Butter goldbraun anrösten. Rindsuppe mit Safran aufkochen, gemeinsam mit den Zwiebeln und den Minzblättern unter den Reis mischen.
- Steinbuttfilets salzen und pfeffern. In einer Pfanne Olivenöl erhitzen, Filets darin beidseitig anbraten.
- Safran-Minz-Risotto in Schüsseln anrichten, Steinbuttfilets einmal teilen und darauf legen.

WEINTIPP RIESLING SMARAGD LOIBENBERG/F. X. PICHLER

HOLZ

Minzblätter

Safran und Minze gehören unterschiedlichen Elementen an, haben aber in ihrer Wirkung eines gemeinsam: Sie wirken zerstreuend auf das Qi.

Kabeljau im Sack

ZUTATEN
1 rosa Grapefruit
16 Zitronengras-Stangen
Saft und Schale von
2 Orangen
2 EL Senfkörner
Salz, Pfeffer
4 Stück Backpapier
(Größe A4)
4 Kabeljaufilets à 150 g
4 Sternanis
8 Kaffir-Limettenblätter

ZUBEREITUNG

- Grapefruit schälen und in Scheiben schneiden. Zitronengras-Stangen der Länge nach halbieren.
- Orangensaft mit Orangenschalen, Senfkörnern, Salz und Pfeffer zu einem Dressing vermischen, einmal aufkochen, vom Herd nehmen und zum Abkühlen beiseite stellen.
- Backpapier auflegen, in der Mitte mit Zitronengras belegen. Darauf der Reihe nach je 1 Kabeljaufilet, 1 Grapefruitscheibe, 1 Sternanis und 2 Kaffir-Limettenblätter schichten. Backpapier links und rechts aufklappen, oben zusammenfalten. Auf ein Backblech setzen und im Backrohr 20 Minuten lang bei 180 °C backen.
- Kabeljau aus dem Backrohr nehmen, Backpapier öffnen und die Füllung mit Dressing beträufeln.

WEINTIPP MORILLON ODER ZIERFANDLER

WASSER

Sternanis

Das Rezept gegen einen Kater schlechthin! Wirkt entgiftend, kühlend und regeneriert den durch alkoholische Hitze entstandenen Verlust der Körpersäfte.

Wolfsbarsch à la Czembireck
mit Kokosnudeln und Mango-Traminersauce

ZUTATEN

KOKOSNUDELN
400 g glattes Mehl
1/4 l Kokosmilch
Salz, Erdnussöl

2 Mangos
(hart, säuerlich)
4 Wolfsbarschfilets
à 100 g
8 Thaibasilikumblätter
Öl zum Braten
1/8 l Traminer
1 Dose Kokosmilch
(à 330 ml)
Salz, Muskatnuss, Pfeffer

ERDE

ZUBEREITUNG

- Für die Kokosnudeln in einer Schüssel Mehl, Kokosmilch und etwas Salz vermischen und zu einem Nudelteig kneten.
- Mit einem feuchten Tuch bedecken und 1 Stunde rasten lassen.
- Ausrollen und mit der Nudelmaschine oder mit einem Messer in 5 mm breite Nudeln schneiden.

- Mangos schälen, 1 Mango in Scheiben schneiden. Die 2. Mango in 1/2 cm große Würfel schneiden.
- Wolfsbarschfilets mit je 2 Blättern Thaibasilikum belegen und mit Mangoscheiben umwickeln.
- In einer Pfanne Öl erhitzen, Filets darin beidseitig anbraten und herausnehmen.
- Im Bratensaft Mangowürfel anbraten, Traminer und Kokosmilch zugießen, einmal aufkochen. Mit Salz, Muskatnuss und Pfeffer abschmecken.
- In der Zwischenzeit in einem großen Topf Salzwasser aufkochen, Kokosnudeln darin bissfest kochen. In ein Sieb leeren und kalt abschrecken. In einer Pfanne Erdnussöl erhitzen und Kokosnudeln durchschwenken.
- Kokosnudeln auf Tellern anrichten, Wolfsbarschfilets darauf legen und mit Mango-Traminersauce servieren.

WEINTIPP LEICHTERER TRAMINER-STIL ODER MOSEL-RIESLING

„Dr. Czembireck kam zum 1. Mal ins Restaurant und gab mir das Vertrauen, für ihn zu kochen, was ich möchte. Einzige Voraussetzung: Fisch muss es sein, mild muss es sein. Bei mir ist aber alles scharf. Das brachte mich auf die Idee, Wolfsbarsch mit Mango zu kombinieren, dazu Thaibasilikum für den Anisgeschmack. Dr. Czembireck war so begeistert, dass ich das Gericht in die Speisekarte aufnahm."

Gedämpftes Lamm mit Kardamom-Risotto

ZUTATEN

3 Knoblauchzehen
4 EL Olivenöl
4 Wacholderbeeren
10 Thaibasilikumblätter
8 Kaffir-Limettenblätter
8 Lammkoteletts
2 rote Pfefferoni

KARDAMOM-RISOTTO

400 g gekochter Reis (siehe S. 137)
2 kleine Zwiebeln
Olivenöl zum Braten
20 g Rosinen
1 EL gemahlener Kardamom
1 TL Kreuzkümmel
1/4 l Rindsuppe

ZUBEREITUNG

▸ Knoblauch schälen und in Scheiben schneiden. Mit Olivenöl, Wacholderbeeren, Thaibasilikum und Kaffir-Limettenblättern in einer großen Schüssel vermischen. Lammkoteletts darin 4 Stunden lang marinieren.

▸ Lammkoteletts herausnehmen, abtropfen lassen. Pfefferoni waschen und vierteln. In einer beschichteten Pfanne etwas Marinade erhitzen, Lammkoteletts und Pfefferoni darin beidseitig kurz anbraten. Im Dampfgarer 20 Minuten lang bei 90 °C dämpfen. Wenn kein Dampfgarer vorhanden: Lammkoteletts in der Pfanne sofort nach dem Braten zudecken und auf niedrigster Temperatur 10 Minuten lang garen lassen.

▸ In der Zwischenzeit für das Kardamom-Risotto Reis kochen. Zwiebeln schälen und fein hacken.

▸ In einer Pfanne Olivenöl erhitzen, Zwiebeln darin goldbraun anrösten. Mit Rosinen, Kardamom und Kreuzkümmel würzen. Rindsuppe zugießen und einmal aufkochen, Reis einmischen und umrühren.

▸ Kardamom-Risotto mit gedämpftem Lamm in Schüsseln oder tiefen Tellern anrichten.

WEINTIPP ROTWEINCUVÉE WIE GABARINZA 2000 ODER SHIRAZ

FEUER

Ein Fehler in der europäischen Sicht von Diäten ist, dass man viel zu viele Nahrungsmittel empfiehlt, die kalt und Feuchtigkeit erzeugend sind (Salate, Joghurt …) und die armen „Diätwütigen" damit immer müder und undynamischer machen. Dieses Gericht ist ideal für Opfer westlicher Diäten: Es gibt Wärme, stärkt Qi und hilft auch, die Abwehrkraft des Körpers zu steigern.

Rindslungenbraten mit Kokos-Kaffeesauce

ZUTATEN

$1/8$ l Kaffee (Espresso oder Filter)
2 EL Baileys (Likör)
1 EL Ahornsirup
Salz
$1/8$ l Kokosmilch
1 Vanillestange
4 Rindslungenbraten à 100 g
Pfeffer
5 g Butter
Blätter von 3 Bund Basilikum
Kresse zum Garnieren

ZUBEREITUNG

▸ Kaffee kochen und in einen Topf gießen. Baileys, Ahornsirup, Salz zugeben, einmal aufkochen und beiseite stellen.
▸ Kokosmilch ebenfalls in einen Topf leeren. Vanillestange hineingeben, aufkochen und 5 Minuten lang köcheln lassen. Vom Herd nehmen und beiseite stellen.
▸ Rindslungenbraten klopfen, salzen und pfeffern. Butter in einer Pfanne erhitzen, Rindslungenbraten darin beidseitig 1 Minute anbraten.
▸ Rindslungenbraten auf vorgewärmte Teller legen, mit Basilikumblättern belegen und zusammenklappen. Zuerst Kokos- und dann Kaffeesauce neben das Fleisch gießen. Mit Kresse garnieren.

WEINTIPP MORILLON STEIRISCHE KLASSIK/POLZ

火

FEUER

Kaffeebohnen

Wenn man kein blasser, frierender Typ ist, sollte man lieber etwas anderes wählen. Diese Kombination beinhaltet sehr viel wärmende bis heiße Nahrungsmittel, die noch dazu zu Feuchtigkeitsansammlung führen. Achtung: Schlecht bei Akne.

Couscous mit Ochsenschlepp in Teriyaki gedämpft

ZUTATEN

1 Birne
1 TL gehackter Knoblauch
3 EL Zucker
1 EL Sesamöl
4 Scheiben Ochsenschlepp (mittelgroß)
1/4 l Teriyakisauce
1/4 l Wasser

COUSCOUS

4 Schalotten
1/2 Zucchini
4 Fisolen
1/2 roter Paprika
Öl zum Braten
Muskatnuss
Salz
200 g Couscous

ZUBEREITUNG

- Birne schälen und fein reiben. Mit Knoblauch, Zucker und Sesamöl zu einer Marinade vermischen.
- Ochsenschlepp mit der Marinade bepinseln und im Dampfgarer 1 Stunde lang bei 90 °C garen. Aus dem Dampfgarer nehmen, mit Teriyakisauce und Wasser begießen, nochmals in den Dampfgarer legen und weitere 30 Minuten garen lassen. Ochsenschlepp auslösen und wieder in den Saft legen.

- In der Zwischenzeit für das Couscous Schalotten schälen und klein schneiden. Zucchini und Fisolen waschen, in Scheiben schneiden. Roten Paprika waschen und in Würfel schneiden.
- In einer Pfanne etwas Öl erhitzen, Schalotten goldbraun anrösten. Zucchini und Fisolen zugeben, mitrösten, mit Muskatnuss und Salz würzen.
- In einem Topf Wasser aufkochen, Couscous zugeben und 3 Minuten lang köcheln lassen. Abseihen und mit dem gerösteten Gemüse vermischen.
- Etwas Couscous in eine kleine, höhere runde Form füllen und in die Mitte der vorgewärmten Teller stürzen. Ochsenschlepp dazulegen und mit Saft beträufeln.

WEINTIPP VOM ELEGANTEN ROTWEIN BIS ZUM GRÜNEN VELTLINER – ALLES IST MÖGLICH

ERDE

Couscous

Warmes Gänseleber-Sushi mit Balsamicosauce

ZUTATEN

200 g gekochter Sushi-Reis (siehe S. 137)
$1/16$ l Sushi-Essig
1 Nori (Größe A4)
Butter zum Braten
8 geputzte Gänselebern à 30 g
4 EL Balsamicoreduktion
4 EL karamellisierte Butter

KARAMELLISIERTE BUTTER

5 EL Sojasauce
5 EL Wasser
10 g Butter
200 g Zucker

BALSAMICOREDUKTION

$1/8$ l Sojasauce
$1/16$ l Balsamico
300 g Zucker
5 Ingwerscheiben

ZUBEREITUNG

- Sushi-Reis herstellen, mit Sushi-Essig vermischen und abkühlen lassen. 8 längliche Reisröllchen daraus formen und beiseite stellen.
- Für die karamellisierte Butter Sojasauce mit Wasser verdünnen. Butter in einem Topf zum Schmelzen bringen. Zucker zugeben, karamellisieren lassen, mit verdünnter Sojasauce ablöschen und umrühren. Vom Herd nehmen und abseihen, damit keine Klumpen mehr in der karamellisierten Butter sind.
- Für die Balsamicoreduktion alle Zutaten in einem Topf aufkochen und dickflüssig einreduzieren.
- Nori der Länge nach in 1 cm breite Streifen schneiden.
- In einer Pfanne etwas Butter erhitzen, Gänseleberstücke darin beidseitig sehr kurz anbraten. Ganz zum Schluss mit 1 EL Balsamicoreduktion ablöschen.
- Gänseleber auf die Reisröllchen legen und mit Noristreifen zusammenbinden. Auf vorgewärmte Teller legen, mit Balsamicoreduktion und karamellisierter Butter beträufeln.

WEINTIPP SHERRY AMONTILLADO ODER BEERENAUSLESE 2002/KRACHER

Das Fleisch der Gans stärkt das Qi des Magens, gleichzeitig bringt es Feuchtigkeit in den Körper. Jede Tierleber stärkt auch das Organ Leber und fördert damit das Holz-Element. Geeignet für Menschen mit Neigung zu Trockenheit (Mund, Schleimhäute, Haut).

HOLZ

„Das erste gewagte Sushi, das nicht roh ist."

Mit Volldampf zum Genuss

Die jahrtausendealte chinesische Tradition der Speisenzubereitung mit Dampf dient als Vorbild für einen neuen Küchentrend.

Dampfgaren hat in der asiatischen Kochkultur einen hohen Stellenwert. Bekannt ist das Dämpfen mit Bambuskörben, in denen die Speisen im aufsteigenden Dampf garen. Diese Tradition wird nun von modernen Dampfgarern wie dem DG 2000 von Miele fortgesetzt und vereinfacht.

Spitzenköche wie Sohyi Kim schwören auf das Dampfgaren, es ist nicht nur die älteste, sondern auch die schonendste Zubereitungsart für Gemüse, Fisch und mehr. Als „Dampfgar-Meisterin" hat Kim einige der Rezepte in ihrem Kochbuch ganz speziell auf den Dampfgarer abgestimmt und die Speisen mit diesem zubereitet. Das Dämpfen verbindet auf ideale Weise Genuss und gesunde Ernährung. Zahlreiche Studien belegen, dass dabei mehr Vitamine, Mineralstoffe und Spurenelemente erhalten bleiben als beim herkömmlichen Kochen. Ein Beispiel: Brokkoli aus einem Miele-Dampfgarer weist einen 50 Prozent höheren Vitamin-C-Gehalt auf als Proben, die im Kochtopf zubereitet wurden. Eine Nährstoff-Kombination, die sich auch positiv auf den Geschmack auswirkt, denn Gemüse, aber auch Kartoffel, Fleisch oder Fisch entfalten im Dampfgarer ihr natürliches Aroma. Hier wird nichts verwässert oder ausgelaugt, Farbe und Struktur der Speisen bleiben erhalten, da nicht umgerührt werden muss, und auch für fett- und salzarmes Garen eignet sich der Dampfgarer hervorragend. Der Miele-Dampfgarer ist ein wahres Multitalent, lässt sich in jede Küche integrieren und kann auf drei Ebenen gleichzeitig bestückt werden. So ist es möglich, ein komplettes Menü für eine vierköpfige Familie zuzubereiten – und das ohne Geschmacksübertragung. Das Besondere dabei: Der Dampf wird außerhalb des Garraumes in einem entnehmbaren Wassertank erzeugt. Der Dampfgarer eignet sich zum Auftauen ebenso wie zum Einkochen oder Blanchieren. Gegart wird ohne Druck, das heißt, der Vorgang kann jederzeit durch Öffnen der Tür unterbrochen werden, etwa um weiteres Gargut nachzulegen. Auch bei der Ausstattung der Küche in Kims „Shop & Studio" setzt die Ausnahmeköchin auf Miele. Der klar designte Dampfgarer ist als einfach zu bedienendes Allroundgerät eines der zentralen Geräte in „Shop & Studio" und ist ideal für die Bedürfnisse und Kochgewohnheiten von Kim und ihren Kochschülern.

Sohyi Kim: „Wer zu mir kommt, soll beste Qualität erhalten, auch bei den Geräten, mit denen gekocht wird."

Tuna-Steak mit Kokos-Mango-Risotto im Bananenmantel

ZUTATEN

KOKOS-MANGO-RISOTTO IM BANANENMANTEL

200 g Reis
1 Mango
$1/8$ l Kokosmilch
4 Bananenblätter, 15 x 15 cm
4 TL Korianderpesto zum Garnieren

TUNASTEAK IM SOJA-BONITOMANTEL

4 Knoblauchzehen
$1/8$ l Sojasauce
$1/16$ l Wasser
1 EL Sesamöl
4 Tunasteaks, à 100 g
Bonitoflocken

ZUBEREITUNG

▸ Reis kochen.
▸ Mango schälen, in kleine Stücke schneiden und pürieren.
▸ Gekochten Reis mit Kokosmilch und pürierter Mango vermischen.
▸ Kokos-Mango-Risotto auf Bananenblättern verteilen, Bananenblätter einrollen, mit einem Zahnstocher befestigen.
▸ Gefüllte Bananenblätter bei 90 °C in den Miele-Dampfgarer geben und fünf Minuten lang dämpfen.
▸ Knoblauchzehen blättrig schneiden, Sojasauce, Wasser, Knoblauch und Sesamöl zu einer Marinade vermischen, Tunasteaks darin zehn Minuten marinieren lassen. Danach beidseitig kurz anbraten.
▸ Zahnstocher aus Reistascherl herausziehen, auf Tellern anrichten, mit Korianderpesto garnieren, Tunasteaks mit Bonitoflocken bestreuen. Servieren.

WEINEMPFEHLUNG
ASIA EDITION/STADLMANN ODER TRAMINER/MARKOWITSCH

Ingwer   *Thaibasilikum*   *Kombu*

WARENKUNDE

Agar Agar
Rein pflanzliches Geliermittel der asiatischen Küche. Gibt es als getrocknete Algenfäden, in Blöcken oder als Pulver. Löst sich im Gegensatz zur Gelatine erst beim Kochen auf.

Aubergine
Kommt ursprünglich aus Indien, wo sie Form und Farbe eines Hühnereis hatte. Das Nachtschattengewächs gibt es heute von oval, länglich bis rund, von Violett, Grün bis Gelb und gesprenkelt. Was Frau Kim in diesem Buch als „afrikanische Aubergine" bezeichnet, ist eine kleine, runde, violette Aubergine.

Chili
Die scharfen Schoten gibt es in den Varianten red long, red green, hot red und hot green. In der Regel sind kleine Schoten oft schärfer als größere, gute Sorten haben dazu noch einen nussig, fruchtigen Geschmack. Milder werden sie, wenn man Kerne und Innenwände entfernt. Sind in der Schärfe dem Pfeffer haushoch überlegen. Achtung: Nach dem Schneiden Brett, Messer und Hände gründlich waschen und ja nicht die Augen reiben!

Dashi (Hon dashi)
Japanische Bouillon aus Kombu, Bonitoflocken und Wasser. Dient als Basis von Suppen und Saucen. Gibt es auch als Instantpulver (Hon dashi) zum Anrühren.

Fischsauce
Würzsauce aus fermentierten Fischen und Garnelen. Vor allem in Südostasien beliebt, die Thais nennen sie „Nam plaa", die Vietnamesen „Nuoc mam". Sehr intensiv, salzig und auch wegen des Geruchs für Europäer gewöhnungsbedürftig. In der Regel gilt: je heller und teurer, umso besser die Qualität.

Galgant
Ist ebenso wie Ingwer eine Wurzel, die in Asien zum Würzen verwendet wird. Schmeckt jedoch herber und pfeffriger.

Ginseng
Wurzel des Araliengewächses Panax Ginseng, der man sagenhafte aphrodisierende und lebensverlängernde Wirkung nachsagt. Tatsächlich stärkt Ginseng die Immunabwehr, steigert die Konzentrationsfähigkeit, hilft gegen Erschöpfung, Schwächezustände und in Stresssituationen. Wild findet man Ginseng im fernen Osten Russlands, in der Mandschurei und in Korea. Ansonsten wird die Wurzel mit dem süßlichen Aroma in Asien gezüchtet. Bei uns bekommt man sie selten als ganze getrocknete Wurzel, eher noch als Pulver.

Gomasio
Geröstete Sesamsamen, die grob zerstoßen und mit Salz vermischt werden. Üblicherweise dient heller Gomasio als Würze von Reis und Gemüse. Es gibt auch schwarzen Gomasio aus schwarzen Sesamkörnern, der etwas kräftiger schmeckt.

Harissa
Feurige Würzsauce aus Tunesien, die dort zum Würzen von Tangines, Eintopfgerichten und Couscous verwendet wird. Besteht zumeist aus roten Pfefferonis oder Chilis, Knoblauch, Salz, Kreuzkümmel und Olivenöl. Wird in kleinen Dosen verkauft und hält bis zu 6 Wochen im Kühlschrank.

Ingwer
Hielt früher den zweiten Platz hinter dem Pfeffer in den Charts der bekanntesten Gewürze der Welt und arbeitet sich in Europa gerade in der

Sushi-Reis

Kaffir-Limettenblätter

Ginseng

Beliebtheitsskala wieder nach oben. Hat ein bisschen die Schärfe von Chili und den Zitruston der Limetten. Wird vielseitig eingesetzt und hilft gegen Erkältung und Übelkeit. Das wurzelartige Gewürz ist frisch inzwischen sogar in Supermärkten erhältlich.

Kaffir-Limettenblätter
Werden oft auch als Zitronen- oder Limettenblätter angeboten. Sind aber immer die Blätter der Kaffir-Limette, die in den tropischen Regionen Asiens wächst und mehr Saft als ihre große Schwester, die Zitrone, hat. Ihre Schale wird ebenso wie die Blätter zum Würzen verwendet. Kaffir-Limettenblätter gibt es frisch oder getrocknet in Asia-Shops und auf Märkten.

Kardamom
Wird als getrocknete Kapseln oder Samenkörner angeboten. Beide werden zerstoßen, die Samen kann man auch mahlen. Weit verbreitet ist grüner Kardamom, brauner Kardamom hat mehr Kampferaroma.

Kokosmilch
Wird aus mit Wasser versetzten Kokosraspeln hergestellt. Sorgt für eine mollige Konsistenz in Suppen, Curries und Reisgerichten. Auch den Rahm, der sich oben auf der Milch absetzt, kann man gut verwenden.

Kombu
Braunalgenart, deren beste Sorten an den Küsten Japans und Koreas gedeihen. Enthält viel geschmacksverstärkende Glutaminsäure und ist getrocknet die Basis für die japanische Instantbouillon Dashi.

Koriander
Auch als Chinesische Petersilie oder Wanzenkraut bekannt. Den eigenwilligen Geschmack der Blätter mag nicht jeder auf Anhieb, er ist aber das Um und Auf asiatischer Gerichte. Entfaltet nur frisch sein Aroma und ist zum Trocknen gänzlich ungeeignet. Da Koriandergrün auch sehr hitzeempfindlich ist, sollte es immer erst am Ende eines Kochvorganges untergemischt werden.

Kurkuma
Auch als Gelbwurz bekanntes Gewürz aus Südostasien und Indien. Sorgt zum Beispiel für die gelbe Farbe in Curries und kann als Ersatz für den kostspieligen Safran verwendet werden. Aber Achtung: Kurkuma schmeckt etwas scharf und bitter zugleich.

Lotoswurzel
Eine Wurzel der Wasserpflanze hat meist 3 bis 4 Zwischenknotenstücke und ist für die optimale Sauerstoffzufuhr von dickeren und dünneren Röhren durchzogen. Gibt es bei uns ganz selten frisch. Wenn doch, muss man die Wurzel gut waschen, trocken tupfen und die Enden mit einem scharfen Messer kappen. Mit dem Sparschäler die Schale entfernen und Wurzel in Scheiben schneiden. Üblicherweise erhält man sie aber bereits in Scheiben geschnitten als Konserve.

Mirin
Süßer Reiswein aus Japan mit ca. 14 Volumsprozent Alkohol, der ausschließlich zum Kochen verwendet wird. Hält geöffnet bis zu drei Monate, wenn er gekühlt gelagert wird.

Miso
Paste aus vergorenen Sojabohnen, die hauptsächlich zur Veredelung von Suppen verwendet wird. In der Regel gilt: je heller die Miso-Paste, umso milder der Geschmack. Je dünkler und reifer, umso salziger.

Nori
Unter dem Namen Nori werden rund 30 verschiedene Rot- und Grünalgen gehandelt. Das kultivierte Meeresgemüse ist vor allem für Japan ein wesentlicher Wirtschaftsfaktor. Kulinarisch gesehen ist nur wichtig, dass die

Nori

Chili

Koriander

hauchdünnen, getrockneten und gepressten Algen heute fast ausschließlich geröstet angeboten werden. Noriblätter müssen trocken gelagert und nach dem Öffnen innerhalb einer Woche verbraucht werden.

Okra
Ursprünglich in Afrika beheimatetes Gemüse, heute in ganz Asien beliebt. Okras schneidet man am Stielansatz wie einen Bleistift zu und legt sie bis zum Kochen in Zitronenwasser, damit sie dann nicht aufplatzen. Beim Kochen selbst entsteht auf den Schoten ein geschmacksneutraler Schleim, der nur wegen der Konsistenz nicht jedermanns Sache ist. Blanchiert man die Okras jedoch in Essigwasser, bleibt der Schleim dort zurück.

Pak Choi
Zartes Blattstielgemüse aus China, Japan und Korea. Sieht ähnlich aus wie Chinakohl, ist aber saftiger und aromatischer. Schmeckt am besten nur kurz gedünstet und eignet sich nicht für Gerichte mit langer Garzeit.

Seitan
Wurde vor mehr als tausend Jahren von Zen-Buddhisten in China und Japan entwickelt, die Seitan als Fleischersatz verwendeten. Wird aus Vollweizen gewonnen, indem Kleie und Stärke vom Eiweiß (Gluten) getrennt werden. Die Gluten werden dann mit Wasser, Sojasauce und Gewürzen verkocht. Seitan hat eine zarte Konsistenz, einen geringen Fettanteil und wird sautiert, gegrillt oder gekocht. Hält vakuumverpackt im Kühlschrank 5 Wochen. Einmal geöffnet, sollte man Seitan innerhalb von 4 Tagen aufbrauchen.

Shiso
Auch Schwarznessel genannt, hat sich vom Himalaya aus in ganz Asien verbreitet und wird als Gewürz-, Heil- und Zierpflanze kultiviert. Neben den Samen und Knospen dienen vor allem die Blätter als Gewürz oder zur Garnitur. Grüner Shiso, den die Japaner gerne für Fischgerichte verwenden,

hat ein leicht pfeffriges Aroma. Rote Shisoblätter werden für Sushi und Tempura gern genommen und kommen als Lebensmittelfarbstoff zum Einsatz.

Shrimpspaste
Gibt es in zwei Varianten in den Asia-Shops: als mehr oder minder zähflüssige Paste oder in getrockneten Blöcken. Erstere eignet sich besser zum Unterrühren, zweitere ist mehr zum Rösten gedacht.

Sojasauce
Aus Weizen- und Sojamehl natürlich vergorene Flüssigkeit, die in der asiatischen Küche als wichtigstes Würzmittel gilt. Ersetzt praktisch Salz und gibt es in einer großen Vielfalt. Grundsätzlich unterscheidet man aber:
▸ Helle Sojasauce: leicht salziges Aroma, ideal zum Kochen und Abschmecken von Suppen und Fischgerichten.
▸ Dunkle Sojasauce: dickflüssiger und etwas süßer als die helle, idealer Dip für Sushi und zum Würzen von Fleischgerichten.
▸ Süße Sojasauce: mit Zucker und Malz angereichert, ideal zum Abschmecken von Saucen.

Somen
Nudeln, die wie italienische Pasta aus Weizenmehl und Wasser hergestellt werden. Die Spaghetti-dünnen Somen werden hauptsächlich für Suppen und kalte Gerichte verwendet.

Sushi-Essig
Ist eine fertige Marinade aus Essig, Mirin, Wasser, Kombu, Zucker und Salz zum Würzen von Reis.

Sushimatte
Matte aus Bambusstäbchen und wichtiges Utensil der asiatischen Küche. Makisu (japanisch) gibt es in allen erdenklichen Größen und Formen,

Im KIM KOCHT SHOP sind hausgemachte asiatische Zutaten sowie Gewürze erhältlich u. a. Chilisauce, Fischsauce, Galgant, Ginseng, Gomasio und Reisgewürze mit Sesam, Ingwer, Kaffir-Limettenblätter, Kombu,

Tempeh

Okra

wichtig ist die Gelenkigkeit der Matte, mit deren Hilfe man Makis einrollt. Nach dem Benutzen mit klarem Wasser schrubben und trocknen lassen.

Sushi-Reis kochen
Für guten Sushi-Reis ist das Verhältnis Reis zu Wasser 1:1,2. Sushi-Reis gibt es als weißen oder schwarzen in Asia-Shops zu kaufen.
Zuerst muss der Reis ca. sechsmal gut gewaschen werden, bis die Stärke ausgeschwemmt ist. Reis mit Wasser aufkochen, dann die Hitze reduzieren oder abdrehen. Zudecken und ca. 15–20 Minuten garen lassen. Wichtig: Während des Garvorganges niemals den Deckel abheben!

Tamarinde
Beliebtes Säuerungsmittel in Asien. Die unreifen, geschälten Schoten des Tamarindenbaums werden einfach als Ganzes in Suppen und Curries mitgekocht. Aus eingeweichten Schoten gewinnt man Tamarindenmark und -saft.

Tempeh
Indonesiens Antwort mit nussigem Geschmack auf Tofu. Für das Vollkorn- und Edelschimmelprodukt werden Sojabohnen eingeweicht, gehäutet, halbiert und gekocht. Erst nach dem Zusatz von Edelschimmelpilzen wird das Ganze in Blätter oder Folien gewickelt.

Teriyakisauce
Würzsauce zum Braten von Fisch und Fleisch. Als Basis dient Sojasauce, die mit Gewürzen, Wein und Essig verfeinert wird. Gibt es auch in gut sortierten Supermärkten zu kaufen.

Thaibasilikum
Gehört zur großen Basilikumfamilie und sieht unserem Basilikum sehr ähnlich. Geschmacklich hat es aber mehr Minz- und Anisnoten und ist pfeffriger.

Tofu
Vielseitig einsetzbarer Eiweißlieferant, gesunder und kostengünstiger Fleischersatz. Wurde vor 2.000 Jahren in China erfunden und bekam später von den Japanern seinen Namen: „To" steht für Bohne „Fu" für Gerinnen. Tofu wird aus Sojabohnen hergestellt, die zunächst eingeweicht, dann püriert und zum Schluss gekocht werden. Durch den Zusatz von Essig oder Zitronensaft wird diese Sojamilch zur Gerinnung gebracht. Die dabei entstandene Molke wird abgeschüttet und der Rückstand zu Tofu gepresst. Je länger die Molke gepresst wird, umso fester ist der Tofu. Da er kaum Eigengeschmack hat, kann man Tofu sowohl für pikant gewürzte als auch für süße Speisen verwenden. Geöffneter Tofu kann mit Wasser bedeckt ca. eine Woche im Kühlschrank aufbewahrt werden, das Wasser muss allerdings täglich gewechselt werden.

Wakame
Nach Nori die wichtigste Alge Japans. Enthält beachtliche 13% Eiweiß und viel Calzium. Wird sowohl frisch als auch getrocknet verwendet. Getrocknet und zerstoßen kommt Wakame vor allem als Würze für Reis und Getreide zum Einsatz.

Wasabi
Auch japanischer Meerrettich genannt. Wird seit 1.000 Jahren auf den japanischen Inseln angebaut. Erinnert geschmacklich an Meerrettich, ist aber schärfer. Kommt bei uns so gut wie nie als frische Wurzel auf den Markt, sondern nur in Pulver- oder Pastenform.

Zitronengras
Wird häufig auch als Lemongrass angeboten. Dient in Südostasien mit seinem kräftigen, zitrusartigen Geschmack als Gewürz vieler Gerichte. Zum Würzen wird nur der untere helle Teil verwendet. Die ganzen Stangen kommen lediglich als Bratspieße zum Einsatz.

Koriander, marinierte Lotoswurzeln, Miso, Nori, Sojasauce, Sushi-Essig, Sushi-Reis, Teriyakisauce, Wakame, Wasabi, Zitronengras.

Die Geschichte der natürlich gebrauten Soja-Sauce

Soja-Sauce wurde erstmals im Orient vor 2.500 Jahren verwendet. Eine buddhistische Glaubensgemeinschaft brachte sie dann im 6. Jahrhundert nach Japan, wo sie Reis- und Fischgerichte aufpeppte. Eine geschmackliche Wende kam im 16. Jahrhundert, als man den Sojabohnen Weizen beimengte, was Aroma und Farbe erheblich verbesserte. Im 17. Jahrhundert brachten holländische Händler das „schwarze Gold" erstmals nach Europa, und die Nachfrage stieg kontinuierlich an. Nicht weit von Amsterdam, in dem kleinen niederländischen Örtchen Sappemeer, wird heute die natürlich gebraute Soja-Sauce von Kikkoman für ganz Europa hergestellt – rund 16 Millionen Flaschen jährlich. Produziert wird in einem aufwändigen Verfahren strikt nach japanischem Reinheitsgebot: Ein Brei aus gekochten Sojabohnen und geröstetem Weizen wird mit Schimmelpilzkulturen geimpft und feucht gelagert. Die als Koji bezeichnete Masse produziert nun Enzyme, die Stärke des Getreides wird zu vergärbarem Zucker umgewandelt. Für die eigentliche Gärung wird die Koji-Masse mit Salzwasser vermischt und kommt – mit Hefen und Milchsäurebakterien vermengt – in riesige Edelstahltanks zum Vergären. Und so wird in mehr als zwanzig Wochen aus Soja, Getreide, Wasser und Salz jenes Würzmittel, das in den vergangenen Jahrzehnten die ganze Welt erobert hat. Nur wenn die Soja-Sauce nach dem geschilderten Verfahren produziert wird, darf sie als „natürlich gebraut nach der japanischen Methode" bezeichnet werden. Und nur dann schmeckt sie so unverwechselbar gut und authentisch-exotisch. Dieses Verfahren wird seit über 300 Jahren bei Kikkoman-Produkten angewandt.

KIKKOMAN
SUKIYAKI WOK-SAUCE
———————

Sukiyaki ist ein traditionelles japanisches Nationalgericht, bei dem Fleisch und Gemüse auf einer heißen Platte gegrillt und dann geschmort werden. Dazu passt diese exotische Sauce, die sämtlichen Wok-Gerichten einen aromatisch-milden Geschmack verleiht, besonders gut.

KIKKOMAN TERIYAKI
MARINADE & SAUCE
———————

Diese würzige Sauce eignet sich hervorragend für Grill und Pfanne – schließlich bedeutet Teriyaki „Gegrilltes mit Glanz". Sie empfiehlt sich sowohl zum Marinieren als auch zum Braten und Kochen von Fleisch, Fisch und Gemüse.

KIKKOMAN
SOJA-SAUCE SÜSS
———————

Diese süße Soja-Sauce unterstützt und verfeinert den Geschmack der Speisen durch den typisch würzigen Soja-Saucen-Geschmack einerseits und eine feine Süße andererseits. Ideal für Salate, Marinaden, süß-saure Gerichte und die fernöstliche Küche.

Die natürlich gebraute Soja-Sauce ist die Basis dieser drei Produkte. Rezepte und mehr gibt's unter www.kikkoman.at.

world of rice

Die Reiskultur ist das Ergebnis einer großen Liebe, so will es ein Mythos. Einst liebte der Himmel die Erde. Als er sich über sie beugte, um sie zu küssen, fielen ihm die Getreidekörner aus der Tasche und dienten fortan den Menschen als Nahrung. Fakt ist, dass die Reiskultur vor rund 7000 Jahren vermutlich in China ihren Ursprung hat. Hier gelang es erstmals, das Rispengras zu kultivieren, von hier aus unternahm es seinen Siegeszug nach Japan, Indonesien, Persien und Ägypten und etwa 800 v. Chr. auch in den Mittelmeerraum. Heute wird Reis in fast jedem Erdteil gepflanzt, doch die wichtigsten Anbaugebiete mit über 90 Prozent der gesamten Weltproduktion liegen in Asien.

Ein Korn ernährt die Welt: Die uralte Kulturpflanze ist für mehr als die Hälfte der Menschheit Grundnahrungsmittel, und für die meisten noch mehr. In Asien etwa wird Reis als Gabe der Götter verehrt, von der Saat bis zur Ernte werden die einzelnen Arbeitsschritte mit kultischen Riten begleitet. So pflanzt der japanische Kaiser jedes Jahr in einer besonderen Zeremonie Reis und ist auch Schutzpatron der Erntezeremonie. Der König von Thailand leitet nach alter Tradition im Anschluss an die Regenzeit persönlich eine Feier, in der die erste Pflugfurche zur Reisfeldvorbereitung gezogen wird. Und auf Bali wird das Pflanzen der Setzlinge gleichgesetzt mit der Geburt der Reisgöttin Bhatari Sri.

Über 8000 Sorten sind weltweit bekannt, Reiskörner gibt es in allen Varianten von rund bis länglich, von klebrig bis kernig, von parboiled – bei diesem Verfahren bleiben bis zu 80 Prozent der enthaltenen Vitamine und Mineralstoffe erhalten – bis exotisch duftend. Mit seiner Sortenvielfalt eröffnet Uncle Ben's die wunderbare Welt des Reises und lädt zu immer neuen Geschmackserlebnissen – und vielleicht zum Beginn einer großen Liebe …

Uncle Ben's Basmati + Thai

Die erlesene Komposition aus edlem Basmati Reis und thailändischem Duftreis passt ideal zu Fleisch-, Wok- und Gemüsegerichten und eignet sich auch hervorragend für gebratenen Reis oder Reispfannen mit Meeresfrüchten oder Garnelen.

Uncle Ben's Basmati

Basmati Reis zählt weltweit zu den edelsten und teuersten polierten Langkorn-Reissorten. Auf Indisch bedeutet sein Name „der Duftende", da er beim Garen einen unvergleichlichen Duft verbreitet. Der körnige und aromatische Reis von den Hanglagen des Himalaya passt ausgezeichnet zu asiatischen Wok-Gerichten.

Uncle Ben's Langkorn und Wildreismix

Im traditionellen Reisanbau werden die Körner einige Tage in der Sonne getrocknet und anschließend über dem Holzfeuer gedörrt, was dem Wildreis seine charakteristische Farbe und seinen feinen, nussigen Geschmack verleiht. Die exklusive Komposition von Langkorn und Wildreis schmeckt besonders zu Geflügel- und Wildgerichten.

REGISTER

A

Ananasnudeln mit scharfem Kaffir-Tunasugo 98

ANANASRAVIOLI, Gedämpfte Ananasravioli mit Erdnuss-Garnelen

und Kokos-Erdnusssauce 84

ARTISCHOCKENSCHEIBEN, Gebratene Artischockenscheiben mit Fischsauce 74

Avocado-Kokosmousse auf Lachstatar 28

AUBERGINEN, Soja-karamellisierter Tempeh mit Okra und Auberginen . . . 72

Austern mit Bonitoflocken und Sake-Thaibasilikum-Vinaigrette 36

B

BABY-CALAMARES, Zitronengrasnudeln mit Baby-Calamares 90

BALSAMICOSAUCE, Warmes Gänseleber-Sushi mit Balsamicosauce 130

BARSCH, Safran-Gnocchi mit gedämpftem Minz-Barsch 112

BIRNEN, Gedämpfte Birnen mit Ebi-Tempura 86

C

CARPACCIO, Lachs-Carpaccio mit Koriandersorbet und Zitronengras 40

Couscous mit Ochsenschlepp in Teriyaki gedämpft 128

CHILISOMEN, Gurken-Tagliatelle mit Sesamölvinaigrette und Chilisomen 38

CHUTNEY, Fruchtreis mit Jakobsmuschel-Yaki und Erdnuss-Bananen-Chutney 78

Maki mit Mozzarella gefüllt und Tomatenchutney 12

Tuna-Strudel auf scharfem Mango-Ananas-Chutney 94

CURRYGEMÜSE, Tempeh mit süß-saurem Currygemüse 60

D

DATTELN, Ginsengrisotto mit roten Datteln und Maronistücken 66

E

EBI-TEMPURA, Gedämpfte Birnen mit Ebi-Tempura 86

EI, Gedämpftes Ei mit sautierten Steinpilzen und Ketakaviar 58

EIERSCHWAMMERLN, Gefülltes Reispapier mit Eierschwammerln 44

Eierschwammerln in japanischer Misosuppe 44

Eingelegte Eierschwammerln in Kernöl 45

ERDNUSS-BANANEN-CHUTNEY, Fruchtreis mit Jakobsmuschel-Yaki

und Erdnuss-Bananen-Chutney 78

ERDNUSS-GARNELEN, Gedämpfte Ananasravioli mit Erdnuss-Garnelen

und Kokos-Erdnusssauce 84

F

FISCHEINTOPF, japanischer (Sakanajiru) 106

FLUSSKREBS-THAIMANGO-RAVIOLI, Galgant-Curry-Suppe mit

Flusskrebs-Thaimango-Ravioli 54

Französischer Ziegenkäse mit Limonencreme mit Tuna Tataki und

Rosmarin-Chili-Vinaigrette 26

Fruchtreis mit Jakobsmuschel-Yaki und Erdnuss-Bananen-Chutney 78

FRÜHLINGSROLLE, Taschenkrebssuppe mit vietnamesischer Frühlingsrolle 56

G

Galgant-Curry-Suppe mit Flusskrebs-Thaimango-Ravioli 54

GÄNSELEBER-SUSHI, Warmes Gänseleber-Sushi mit Balsamicosauce 130

Gebratene Artischockenscheiben mit Fischsauce 74

Gedämpfte Ananasravioli mit Erdnuss-Garnelen und Kokos-Erdnusssauce 84

Gedämpfte Birnen mit Ebi-Tempura 86

Gedämpftes Ei mit sautierten Steinpilzen und Ketakaviar 58

Gedämpftes Lamm mit Kardamom-Risotto 124

Gefüllter Tuna im Bonitomantel mit Pflaumen 100

Gefüllter Tuna mit Pak Choi 102

Gefüllter Tuna mit Ziegenkäse und Preiselbeer-Koriandersauce 24

Gefülltes Reispapier mit Eierschwammerln 44

Geräucherter Tuna mit Ingwer-Sauerkraut à la Steininger 20

Ginsengrisotto mit roten Datteln und Maronistücken 66

GLASNUDELN, Riesengarnelen auf Zitronengras-Spieß mit Glasnudeln 88

GNOCCHI, Heilbutt-Yaki mit Maroni-Gnocchi 108

Safran-Gnocchi mit gedämpftem Minz-Barsch 112

GRAMMELN, Tuna gefüllt mit Grammeln und Nashibirnen 104

GRAPEFRUIT-SENFSAUCE, Sepien auf Grapefruit-Senfsauce 82

Gurken-Tagliatelle mit Sesamölvinaigrette und Chilisomen 38

H

Heilbutt-Yaki mit Maroni-Gnocchi 108

Hummer-Sashimi mit Rosensauce und Shisoblatt 42

I

INGWER-SAUERKRAUT, Geräucherter Tuna mit Ingwer-Sauerkraut à la Steininger 20

J

JAKOBSMUSCHELN, Fruchtreis mit Jakobsmuschel-Yaki und Erdnuss-Bananen-Chutney . 78

Jakobsmuscheln auf Spinat-Kokosmousse mit Süßkartoffelblüten 80

Japanischer Koknozusalat mit Kichererbsen 34

K

Kabeljau im Sack 120

KAFFIR-TUNASUGO, Ananasnudeln mit scharfem Kaffir-Tunasugo 98

KARDAMOM-RISOTTO, Gedämpftes Lamm mit Kardamom-Risotto 124

KETAKAVIAR, Gedämpftes Ei mit sautierten Steinpilzen und Ketakaviar 58

KICHERERBSEN, Japanischer Koknozusalat mit Kichererbsen 34

KOKNOZUSALAT, Japanischer Koknozusalat mit Kichererbsen 34

KOKOS-CHILISAUCE, Tuna auf Zitronengras-Spieß in Kokos-Chilisauce 92

KOKOSCREME, Süßkartoffelsuppe mit Kokoscreme 50

KOKOS-ERDNUSSSAUCE, Gedämpfte Ananasravioli mit Erdnuss-Garnelen

und Kokos-Erdnusssauce 84

KOKOS-INGWERSAUCE, Rotbarbe im Süßkartoffelmantel mit Kokos-Ingwersauce 114

KOKOS-KAFFEESAUCE, Rindslungenbraten mit Kokos-Kaffeesauce 126

KOKOSNUDELN, Wolfsbarsch à la Czembireck mit Kokosnudeln

und Mango-Traminersauce 122

Kokos-Ramen 52

KOKOS-TOMATENSAUCE, Tempeh-Lasagne mit Kokos-Tomatensauce 64

KORIANDERDRESSING, Tuna Sashimi im Pfeffermantel auf Blattsalat mit

Korianderdressing 18

KORIANDERSORBET, Lachs-Carpaccio mit Koriandersorbet und Zitronengras 40

L

Lachs-Carpaccio mit Koriandersorbet und Zitronengras 40

LACHSTATAR, Avocado-Kokosmousse auf Lachstatar 28

LAMM, Gedämpftes Lamm mit Kardamom-Risotto 124

LASAGNE, Tempeh-Lasagne mit Kokos-Tomatensauce 64

LIMETTENVINAIGRETTE, Sake Shirashi mit Kapernbeeren und Limettenvinaigrette 14

LOTOSWURZELN, Lungenbratenmaki mit marinierten Lotoswurzeln 16

Lungenbratenmaki mit marinierten Lotoswurzeln 16

M

MAKI, Lungenbratenmaki mit marinierten Lotoswurzeln 16

Maki mit Mozzarella gefüllt und Tomatenchutney 12

Tuna Maki mit Rosmarinpesto à la Wolfsberger 22

MANGO-ANANAS-CHUTNEY, Tuna-Strudel auf scharfem Mango-Ananas-Chutney 94

MANGOPOLENTA, Sekunden-Tunasteak in Soja-Sesamöl-Marinade mit Mangopolenta . . 96

MANGO-TRAMINERSAUCE, Wolfsbarsch à la Czembireck mit Kokosnudeln und

Mango-Traminersauce 122

MARONI, Ginsengrisotto mit roten Datteln und Maronistücken 66

Heilbutt-Yaki mit Maroni-Gnocchi 108

MISOSUPPE, Eierschwammerln in japanischer Misosuppe 44

MOZZARELLA, Maki mit Mozzarella gefüllt und Tomatenchutney 12

N

NASHIBIRNE, Schafmilchricotta mit Nashibirne, Minze und Tuna Tataki 32

Tuna gefüllt mit Grammeln und Nashibirnen 104

O

OCHSENSCHLEPP, Couscous mit Ochsenschlepp in Teriyaki gedämpft 128

OKRA, Soja-karamellisierter Tempeh mit Okra und Auberginen 72

OKTOPUSSALAT, Warmer Oktopussalat mit Zitronengras-Risotto 76

P

PREISELBEER-KORIANDERSAUCE, Gefüllter Tuna mit Ziegenkäse und Preiselbeer-

Koriandersauce 24

R

RAVIOLI, Galgant-Curry-Suppe mit Flusskrebs-Thaimango-Ravioli 54

REISPAPIER, Gefülltes Reispapier mit Eierschwammerln 44

Riesengarnelen auf Zitronengras-Spieß mit Glasnudeln 88

Rindslungenbraten mit Kokos-Kaffeesauce 126

RISOTTO, Gedämpftes Lamm mit Kardamom-Risotto 124

Ginsengrisotto mit roten Datteln und Maronistücken 66

Rote-Rüben-Risotto mit grünem Spargel 62

Safran-Minz-Risotto mit Steinbutt 118

Warmer Oktopussalat mit Zitronengras-Risotto 76

Rochenflügel mit gebratenen Papayastücken 116

ROSENSAUCE, Hummer-Sashimi mit Rosensauce und Shisoblatt 42

ROSMARIN-CHILI-VINAIGRETTE, Französischer Ziegenkäse mit Limonencreme mit

Tuna Tataki und Rosmarin-Chili-Vinaigrette 26

ROSMARINPESTO, Tuna Maki mit Rosmarinpesto à la Wolfsberger 22

Rotbarbe im Süßkartoffelmantel mit Kokos-Ingwersauce 114

Rote-Rüben-Risotto mit grünem Spargel 62

S

Safran-Gnocchi mit gedämpftem Minz-Barsch 112

Safran-Minz-Risotto mit Steinbutt 118

Sakanajiru (japanischer Fischeintopf) 106

Sake Shirashi mit Kapernbeeren und Limettenvinaigrette 14

SAKE-THAIBASILIKUM-VINAIGRETTE, Austern mit Bonitoflocken und Sake-Thaibasilikum-

Vinaigrette 36

SASHIMI, Hummer-Sashimi mit Rosensauce und Shisoblatt 42

Tuna Sashimi im Pfeffermantel auf Blattsalat mit Korianderdressing 18

Schafmilchricotta mit Nashibirne, Minze und Tuna Tataki 32

SEITAN, Wokgemüse mit Seitanstücken 68

Sekunden-Tunasteak in Soja-Sesamöl-Marinade mit Mangopolenta 96

Sepien auf Grapefruit-Senfsauce 82

SESAMÖLVINAIGRETTE, Gurken-Tagliatelle mit Sesamölvinaigrette und Chilisomen 38

SHIRASHI, Sake Shirashi mit Kapernbeeren und Limettenvinaigrette 14

Soja-karamellisierter Tempeh mit Okra und Auberginen 72

SOJA-SESAMÖL-MARINADE, Sekunden-Tunasteak in Soja-Sesamöl-Marinade mit Mangopolenta . 96

SORBET, Lachs-Carpaccio mit Koriandersorbet und Zitronengras 40

SPARGEL, Rote-Rüben-Risotto mit grünem Spargel 62

SPINAT-KOKOSMOUSSE, Jakobsmuscheln auf Spinat-Kokosmousse mit Süßkartoffelblüten . . 80

STEINBUTT, Safran-Minz-Risotto mit Steinbutt 118

STEINPILZE, Gedämpftes Ei mit sautierten Steinpilzen und Ketakaviar 58

SUPPEN, Eierschwammerln in japanischer Misosuppe 44

Galgant-Curry-Suppe mit Flusskrebs-Thaimango-Ravioli 54

Kokos-Ramen 52

Süßkartoffelsuppe mit Kokoscreme 50

Taschenkrebssuppe mit vietnamesischer Frühlingsrolle 56

Tomatengazpacho mit frischem Koriander 46

SUSHI, Warmes Gänseleber-Sushi mit Balsamicosauce 130

SÜSSKARTOFFELBLÜTEN, Jakobsmuscheln auf Spinat-Kokosmousse mit Süßkartoffelblüten . . 80

SÜSSKARTOFFELMANTEL, Rotbarbe im Süßkartoffelmantel mit Kokos-Ingwersauce 114

Süßkartoffelsuppe mit Kokoscreme 50

Süß-saurer Tofu mit Gemüse 70

T

TAGLIATELLE, Gurken-Tagliatelle mit Sesamölvinaigrette und Chilisomen 38

Taschenkrebssuppe mit vietnamesischer Frühlingsrolle 56

Tempeh mit süß-saurem Currygemüse 60

Tempeh-Lasagne mit Kokos-Tomatensauce 64

TEMPEH, Soja-karamellisierter Tempeh mit Okra und Auberginen 72

TOFU, Süß-saurer Tofu mit Gemüse 70

TOMATENCHUTNEY, Maki mit Mozzarella gefüllt und Tomatenchutney 12

Tomatengazpacho mit frischem Koriander 46

Tuna auf Zitronengras-Spieß in Kokos-Chilisauce 92

Tuna gefüllt mit Grammeln und Nashibirnen 104

TUNA, Gefüllter Tuna im Bonitomantel mit Pflaumen 100

Gefüllter Tuna mit Pak Choi 102

Gefüllter Tuna mit Ziegenkäse und Preiselbeer-Koriandersauce 24

Geräucherter Tuna mit Ingwer-Sauerkraut à la Steininger 20

Tuna Maki mit Rosmarinpesto à la Wolfsberger 22

Tuna Sashimi im Pfeffermantel auf Blattsalat mit Korianderdressing 18

TUNASTEAK, Sekunden-Tunasteak in Soja-Sesamöl-Marinade mit Mangopolenta 96

Tuna-Strudel auf scharfem Mango-Ananas-Chutney 94

TUNASUGO, Ananasnudeln mit scharfem Kaffir-Tunasugo 98

TUNA TATAKI, Tuna Tataki im Reis-Wrap mit 3 Saucenwürfeln 30

Französischer Ziegenkäse mit Limonencreme mit Tuna Tataki und

Rosmarin-Chili-Vinaigrette 26

Schafmilchricotta mit Nashibirne, Minze und Tuna Tataki 32

W

Warmer Oktopussalat mit Zitronengras-Risotto 76

Warmes Gänseleber-Sushi mit Balsamicosauce 130

Wokgemüse mit Seitanstücken 68

Wolfsbarsch à la Czembireck mit Kokosnudeln und Mango-Traminersauce 122

Wolfsbarsch mit Ziegenkäse gefüllt 110

Z

ZIEGENKÄSE, Französischer Ziegenkäse mit Limonencreme mit Tuna Tataki

und Rosmarin-Chili-Vinaigrette 26

ZIEGENKÄSE, Wolfsbarsch mit Ziegenkäse gefüllt 110

Zitronengrasnudeln mit Baby-Calamares 90

ZITRONENGRAS-RISOTTO, Warmer Oktopussalat mit Zitronengras-Risotto 76

„Und beim ersten Bissen muss es hhhhhhmmmmmm! sein ..."

Vielen Dank an

Stephanie Wurst (Aqario Multimedia) und Elke Böhm, die immer für mich da sind,

Uschi Korda, ohne deren geduldiger Strenge dieses Buch erst in zehn Jahren erschienen wäre,

Christian Grünwald, der mich mit seinem Vertrauen motiviert hat, meinen Weg so weiterzugehen.